넘어서는
논증

넘어서는 논증
더 나은 판단을 위한 말하기와 글쓰기

초판 1쇄 발행　2025년 10월 18일

지은이 | 장지혜·고유라·소지영·장성민

펴낸이 | 김연우
펴낸곳 | (주)태학사
등　록 | 제406-2020-000008호
주　소 | 경기도 파주시 광인사길 217
전　화 | 031-955-7580
전　송 | 031-955-0910
전자우편 | thspub@daum.net
홈페이지 | www.thaehaksa.com

편　집 | 조윤형 여미숙 김태훈
마케팅 | 김민선
경영지원 | 김영지

ⓒ 장지혜·고유라·소지영·장성민, 2025. Printed in Korea.

이 책에 직간접적으로 게재를 허락해 주신 모든 분께 감사드립니다.
저작권자와 연락이 닿지 않아 부득이 허가를 구하지 못한 일부 자료에 대해서는
연락 주시는 대로 적법한 절차를 따르겠습니다.

값 11,000원

ISBN 979-11-6810-365-8 (04710)
　　　979-11-6810-387-0 (세트)

책임편집 | 조윤형
디자인 | 지소영

'개념' 있는 국어 생활 3

넘어서는
논증

더 나은 판단을 위한
말하기와 글쓰기

장지혜 · 고유라 · 소지영 · 장성민 지음

태학사

'개념 있는 국어 생활' 기획의 말

학회의 성장은 학문의 성장을 동반하게 마련입니다. 최초·최고·최대의 학술 단체인 한국어교육학회가 창립 70주년을 맞는 이 시점에서, 우리는 그 성장의 결실을 가시적으로 확인할 필요가 있다는 데 뜻을 같이했습니다. 이에 국어 교육학계를 이끌어 갈 차세대 국어 교육학자들과 국어 교육의 현장을 선도하는 교사들을 중심으로 학문적 성과를 결산해 보기로 했습니다. 다만 빛나는 연구 성과를 정리하는 수준이 아니라 '그 성과가 교실에서 이용利用될 수 있도록 해야 한다', 그리고 '교실 안에만 머물러 있는 것이 아니라 교문 밖 모든 삶의 현장에서 언어 사용자인 시민들의 후생厚生에도 기여해야 마땅하다'고 생각했습니다.

그리하여 학회에서는 국어과 교육 과정사에서 가장 중요한 항존恒存 개념 20개를 선별했고, 젊은 연구자와 교사들에게

임무를 부여하여 손에 쏙 들어오는 20권의 책을 학회 창립 70주년이 되는 올해부터 출간하기 시작하여 내년까지 완간하기로 했습니다. 필진이 젊다는 것은 시각이 신선하다는 뜻으로, 책의 분량이 적다는 것은 정보의 응집도가 높다는 뜻으로 이해해 주기를 바랍니다.

한국어교육학회의 위상에 걸맞게 빛나는 결실을 맺어 주신 필자 여러분은 국어 교육학계의 믿음직한 미래임을 증명해 주셨습니다. 이 시리즈가 원활히 출간되도록 필자와 출판사 사이의 중간 다리 역할을 맡아 노심초사 알뜰히 챙겨 준 양수연 박사님의 노고도 잊을 수 없습니다. 이 시리즈의 간행을 흔쾌히 맡아 주신 태학사 김연우 대표님, 심혈을 기울여 책을 만들어 주신 조윤형 주간님에게도 감사의 마음을 전합니다.

부디 이 책들이 예비 교사들에게는 개념들의 윤곽을 보여 주고, 현장 교사들에게는 교수 학습과 평가의 설계에 영감을 주며, 일반 시민들에게는 품격 있는 언어 생활의 지침서가 되기를 바랍니다.

한국어교육학회 창립 70주년 기념
'개념 있는 국어 생활' 간행위원회 위원장 주세형
한국어교육학회 제38대 회장 류수열

머리말

　슈퍼히어로 영화에서 주인공은 언제나 악당이 일으킨 문제 상황에 당당하게 맞선다. 번개를 이용한다거나, 빠르게 순간 이동을 한다거나, 상대의 마음을 읽는다거나 하는 자신만의 능력을 가지고 있는 덕분이다. 그리고 그러한 능력으로 당면한 문제를 넘어설 수 있음을 주인공 스스로가 믿고 있기 때문일 것이다.

　'넘어서는 논증'이라는 제목은 그러한 의미에서 붙여졌다. 나의 삶과는 유리된 채 논리학적으로만 엄격한 형식으로서의 논증이 아니라, 매체 속 과열된 토론 장면에서 보아 왔던 것처럼 상대를 이기기 위한 논쟁으로서의 논증이 아니라, 우리가 삶에서 당면하는 매일매일의 문제들을 넘어서게 하는 능력으로서의 논증을 여러분께 보여 드리고 싶었기 때문이다.

논증을 할 수 있는 사람은 자신이 옳거나 가치 있다고 믿는 일에 대해 당당하게 다른 사람들에게 이야기할 수 있다. 다른 사람들이 내 이야기에 귀 기울이고 수긍하게 하는 힘이 논증에 있다. 증거를 바탕으로 가장 합리적인 이유를 찾아 나가는 추론 행위가 곧 논증이기 때문이다. 논증에 기반을 둔 이야기들을 더 많이 나누면서 사회는 이전의 문제들을 넘어선 더 나은 공동체가 되어 갈 수 있다.

논증을 할 수 있는 사람은 일상에서, 직무 상황에서, 학습 상황에서 막연히 고개가 갸웃거려졌던 일들에 대해 질문을 던질 수 있다. 그리고 자신이 던진 질문에 대한 최선의 답이 무엇인지 찾아 나갈 수 있다. 복잡하고 다면적이고 심지어 모순적이기까지 한 인간의 삶에 대해 미처 몰랐던 다양한 측면들을 살피고 탐구하며 더 나은 결론을 향해 가는 행위가 곧 논증이기 때문이다. 그 과정에서 우리는 이전의 자신을 넘어서는 더 나은 인간이 되어 갈 수 있다.

이 책에는 이러한 논증의 쓸모와 방법에 대한 저자들의 고민이 담겨 있다. 논증과 삶이 맞닿은 여러 국면들을 함께 살펴보며 여러분이 '논증을 할 수 있는 사람'이 되고 싶어지기를, 마음속에 논증이라는 무기를 품고 세상과 당당하게 맞설 수 있기를, 논증을 하면서 점점 더 나은 사람이 되어 가는 기쁨을 맛보기를 진심으로 바란다.

　아울러 이 책은 한국어교육학회 창립 70주년을 기념하여 기획되었다. 지난 70여 년간 국어 교육에 대한 애정으로 선배 연구자들이 차곡차곡 쌓아 주신 이론과 실천의 기반 덕분에 이 책이 나올 수 있었다. 거대하게 흐르는 국어 교육의 물줄기에 국어 교육자로서 작은 흔적이나마 보탤 수 있어 집필 과정 내내 감사한 마음이었다. 그리고 열정을 다해 이 책을 기획해 주신 류수열 전임 학회장님과 주세형 교수님께도 감사의 인사를 전한다.

2025년 10월
저자 일동

차례

'개념 있는 국어 생활' 기획의 말 • 주세형·류수열　　　　　　　　　5
머리말　　　　　　　　　　　　　　　　　　　　　　　　　　　7

Class 1. 논증의 본질
논증이란 무엇일까?

논증의 개념과 가치
논증, 그걸 대체 어디다 써먹는 거야?　　　　　　　　　　　　17
'좋은' 논증이란 뭐지?　　　　　　　　　　　　　　　　　　　22
어떤 건 논증이고, 어떤 건 논증이 아니라니?　　　　　　　　　31
논증을 잘하면 '더 나은 인간'이 될 수 있다고?　　　　　　　　38

논증의 종류
'가치'도 설득할 수 있을까? – 평등이냐 옳음이냐!　　　　　　46
어떤 정책이 더 나은지는 어떻게 판단할 수 있을까?
　– 무엇이 우리에게 더 이익인가?　　　　　　　　　　　　　52
무엇이 진실인지 밝혀 낼 수 있을까? – 네가 바로 범인이야!　58

논증의 구성 요소
  논증의 구성 요소를 따져야 하는 이유   63
  논증은 무엇으로 이루어질까?   70

논증의 방법
  어떻게 하면 합리적인 판단을 할 수 있을까?   80
  효과적인 논증 방법에는 어떤 것들이 있을까?   84
  논증에서 따져 보아야 할 쟁점들   97

Class 2. 다양한 상황에서의 논증
논증, 어떻게 하면 잘할까?

설득을 위한 글쓰기에서의 논증

논증을 시작하기 위해 문제를 어떻게 정의해야 할까?	103
나의 결론을 지지하는 게 나을까, 남의 결론을 반박하는 게 나을까?	105
문제의 원인을 어디에서 찾아야 할까?	107
이성적 소구냐, 감성적 소구냐?	113
논증 구조에 맞는 글쓰기, 어떻게 해야 할까?	117

토론에서의 논증

토론의 목적, 과연 이기는 데 있을까?	123
교육 현장에서 쓰이는 토론 유형들	133
토론을 잘하려면 어떻게 해야 할까?	137

탐구와 학습을 위한 논증

학습 도구로서의 논증	148
논증의 대상, 어떻게 설정해야 할까?	150
논증의 내용, 어떻게 전개해야 할까?	157
논증의 결과, 어떻게 제시하면 인상적일까?	164

주註	170
참고 문헌	172

Class 1.

논증의 본질

논증이란
무엇일까?

논증의
개념과 가치

❝ 논증, 그걸 대체
어디다 써먹는 거야?

크리스토퍼 놀란 감독의 영화 〈다크나이트〉(2008)에는 유명한 영웅 배트맨이 주인공으로 등장한다. 주인공 배트맨은 낮에는 브루스 웨인이라는 망나니 CEO로 살아가지만, 밤이면 멋진 수트를 입고 배트카를 타고 다니며 마피아와 조커로 인해 혼란에 빠진 고담시를 구해 낸다.

그런데 배트맨의 영웅 행각을 가만히 지켜보노라면, 그를 '정의$_{正義}$의 사도'라고 하기에는 어딘가 불편한 마음이 든다. 그는 조커를 쫓는 와중에 남의 차며 도로며 건물들을 다 부숴 놓고(재물 손괴?), 범죄인 인도 조약을 맺지 않은 홍콩에 건너가 마피아의 자금 관리인인 회계사 라우를 잡아 오며(국제법 위반?), 조커의 행방을 찾기 위해 고담시 전체 시민들의 휴대 전화를 불법 도청하기까지(정보통신법 및 개인정보보호법 위반?) 한다. 심지어 그가 경찰도 검찰도 아닌, 공권력을 부여받지 못한 한 개인이자 자경단自警團 신분에 불과하다는 것을 상기하면 그 불편함은 더욱 커진다.

영화를 보면서 배트맨에게 불편한 마음이 드는 것은 그의 행동을 보며 '저게 과연 정의일까?' 하는 물음이 생겨나기 때문이다. 불편한 마음을 해결하기 위해서는 이러한 물음에 대한 답을 찾아야 하고, 답을 찾는다 해도 그 답에는 반드시 합당한 이유가 있어야 한다.

- "배트맨은 정의의 사도가 아니야. 왜냐하면 법을 지키지 않았으니까."
- "그럼에도 불구하고 배트맨은 정의의 사도야. 왜냐하면 그는 선한 의도를 지녔기 때문이지."

이런 이유 말이다. 논증은 이와 같이 자신의 주장(결론)에 대한 논리적인 이유(전제)를 찾아 나가는 데에서부터 시작된다.

논증(論證) = 논할 논[論] + 증거 증[證]

한마디로 논증의 핵심은 '증거'를 바탕으로 '논의'하는 것이라 할 수 있다. '그냥'이 아니라, '내가 그렇게 믿고 싶으니까'가 아니라, '그게 나에게 유리하니까'가 아니라, 증거를 바탕으로 가장 합리적인 이유를 찾아 나가는 추론 행위가 곧 논증이다. 논증과 **추론**을 별개의 것으로 보는 관점도 있지만,[1] 추론 행위 중에서 **정당화**★를 통해 청자나 독자가 결론을 수용할 가능성을 높이고자 하는 의도가 있는 추론 행위, 이를 논증이라고 한다.

논증이라는 개념이나 논증 교육은 기원전 고대 그리스부터 있어 왔다. 즉, 논증의 필요성이나 중요성에 대한 사회적 합의는 이미 오래전부터 이루어졌다는 뜻이다.

'논증'이라고 하니 뭔가 거

> ★ 정당화
> 자신의 주장·결론·발견 등을 적절하고 유효하게 만드는 과정. 일반적으로 논증 담화나 논증 텍스트는 '결론(주장, 발견)+정당화'의 구조로 이루어지기 때문에 이유나 근거를 제시하는 것만으로 정당화가 완료되었다고 여기기 쉽다. 그러나 정당화는 결론에 도달하기 위한 필자(화자)의 탐구와 소통 과정을 포함하는 개념이기 때문에 좋은 논증이 되기 위해서는 치열한 정당화가 필수적이며, 그러한 과정에서 자신의 사유를 더욱 심화할 수 있다.

Class 1. 논증의 본질

창하고 어려운 개념인 것 같지만 사실은 굉장히 일상적인 행위이다. 아이들은 이미 세 돌만 지나도 논증의 세계에 들어선다. "자, 시금치 먹자." 하면 고개를 저으며 "싫어. 맛없어." 하는 것 또한 이미 '맛이 없다'는 이유와 '시금치를 먹을 수 없다'는 주장을 갖춘 논증에 해당한다.

우리 삶에서 논증이 필요한 중요한 이유 중 하나는 '인간은 필연적으로 혼자 살 수 없는 존재'이기 때문이다. 우리는 평생 나와 다른 견해를 지닌 무수히 많은 사람들과 부딪히며 어울려 살아야 한다.

예컨대 친구가 점심으로 라면을 먹어서 저녁에는 건강식이 먹고 싶다고 하는데 나는 건강식은 먹기 싫고 치킨이 먹고 싶다면 친구를 설득해야 한다. 예컨대 다음과 같이 말이다(아래의 예시들이 '좋은' 논증인지 여부는 이 책을 읽으며 스스로 답을 찾아보자).

> "식사는 되도록 건강식을 먹는 것이 좋다. 치킨은 고단백 식품이어서 신체적 건강식이며, 맛을 통해 정서적 만족감과 안정감을 주므로 심리적 건강식이다. 따라서 우리는 오늘 저녁 식사로 치킨을 먹어야 한다."

"너는 내가 먹고 싶은 것을 같이 먹어 주어야 한다. 왜냐하면 너는 나를 사랑하니까."

교수님이 과제를 많이 내 주셨는데, 과제 제출 기간이 중간고사 기간과 겹치는 바람에 과제를 할 시간이 너무 부족하거나 과제에만 집중할 수 없어 학습 효과가 떨어지니 시한을 미뤄 달라고 교수님께 보내는 이메일 내용에도 논증은 필요하다.

개인적인 관계를 넘어서서 여러 이해관계와 서로 다른 삶의 맥락을 지닌 사람들이 모여 사는 공동체나 사회에서는 논증이 더욱더 요구된다. 구성원 모두가 동의하는 정책은 존재할 수 없기에, 개별 사안에 대해 동의하지 않는 사람들을 설득하는 과정이 필수적이기 때문이다.

왜 이 법을 지금 제정해야 하는지, 왜 이 시설을 저곳이 아닌 이곳에 지어야 하는지, 왜 한정된 예산을 굳이 이 사업에 배정해야 하는지 같은 것들이 이에 해당한다. 따라서 민주주의가 발달한 나라일수록 논증 문화도 발달해 있다. 그리스에서 논증 이론에 대한 논의나 논증 교육이 활발히 이루어진 까닭은 민주주의의 발달과 무관하지 않다.

💬 '좋은' 논증이란 뭐지?

논증은 보통 '주장+이유+근거'로 이루어져 있다. 논리학에서는 '주장'은 '결론'으로, '이유와 근거'는 '전제'로 표현한다. '주장'은 상대방이 수용하기를 바라는 견해이고, '이유'는 주장을 뒷받침하는 널리 통용되는 사실이나 믿음, 진실 등이며, '근거'는 어떠한 사실에 기초해서 그런 이유를 내세우는지와 관련한, 객관적으로 관찰 가능하고 실제로 존재하는 사실이나 정보, 자료 등을 말한다.

영화 〈노트북〉(2020)은 노아(라이언 고슬링)와 앨리(레이첼 맥아담스)의 사랑 이야기를 다룬다. 깊이 사랑하지만 앨리 집안의 반대로 헤어졌던 두 사람은 7년이 지나 재회한다. 하지만 이미 앨리에게는 약혼자가 있는 상황. 서로를 향한 마음은 여전하지만 현실적 제약으로 인해 노아와 다시 함께하기를 주저하는 앨리에게 노아는 다음과 같이 말한다.

> "그래, 쉽지 않을 거야. 정말 어려운 일일 거야. 그리고 우리는 매일 노력해야 할 거야. 그렇지만 나는 기꺼이 그렇게 할래. 왜냐하면 너를 사랑하니까."

'(쉽지 않은 일인 줄 알지만 그럼에도 불구하고) 나는 너와 다시 연인으로 지내고 싶다.'가 노아의 '주장'이다. 더 정확하게는, 사랑도 연애도 혼자 할 수 없으므로 '우리는 다시 연인으로 함께해야 한다.'가 그의 주장이다.

이 견해를 앨리가 받아들이기 원하는 노아에게는 '내가 당신을 사랑한다.'라는 단 하나의 명백한 '이유'가 있다. 그리고 이에 대한 '근거'는 7년이라는 긴 세월 동안 한결같이 그녀를 기다렸다는 '객관적인 정보', 7년 동안 공들여 그가 완성해 둔 함께 살 집과 같은 '실제로 존재하는 증거물', 그녀를 바라보는 그의 따뜻한 눈빛과 같이 '관찰 가능한 사실' 등을 들 수 있다.

그렇다면 주장, 이유, 근거만 있으면 모두 '좋은' 논증이 될까?

좋은 논증은 나의 의견과 다른 견해에 귀 기울이는 자세에서 시작된다. 나의 주장과 저 사람의 주장은 무엇이 다른지, 내가 가진 지금의 견해보다 더 나은 견해는 없는지 계속 살펴야 하는 것이다. 논증의 목적은 '다른 사람을 이기는 것'이나 '내 주장을 관철시키는 것'이 아니라, '가장 합리적인 결론에 도달하여 그 수용 가능성을 높이는 것'이기 때문이다.

이때 이 결론을 수용하는 주체는 듣는 이(청자)나 읽는 이(독자) 같은 타인이기도 하지만, 자기 자신이기도 하다. 단 하나의 정답이 아니라, 주어진 상황에서 가장 나은 결론에 도달하기 위해 분투하는 것, 그것이 좋은 논증을 하기 위한 가장 중요한 원칙이다.

무조건 이기려고만 해서는 좋은 논증을 하기 어렵다. 나와 다른 의견에는 귀 기울이지 않고 내 의견을 뒷받침할 만한 이유와 근거들만 모아서는 최선의 판단에 이르기 어렵기 때문이다. 따라서 논증 교육을 할 때 논증의 요건에 '주장, 이유, 근거' 외에 '반론에 대한 수용과 이에 대한 반박'을 포함하기도 한다. 2022 국어과 개정 교육 과정에서도 "(논증을 할 때에는) '주장과 이유 간의 관계, 이유와 근거 간의 관계, 주장과 예상되는 반론 간의 관계' 등 논증 요소 간의 관계를 고려해야 한다"**2**라고 명시하여 '반론'을 논증의 주요 요소로 제시했다.

예컨대 영화 〈노트북〉의 대화 장면에서 앨리는 '(내가 당신을 택한다면) 누군가 상처 입는다.'고 이야기한다. 그 누군가에는 그녀의 약혼자도, 그녀의 부모님도 포함되어 있다. 노아의 견해에 대한 일종의 반론인 셈이다. 그러자 노아가 다시 묻는다.

> "다른 사람들이 원하는 것은 그만 생각해. 내가 원하는 것도, 그가 원하는 것도, 당신의 부모님께서 원하시는 것도. 당신이 원하는 게 뭐야? 당신이 원하는 게 뭐냐고?"

이를 앨리의 반론에 대한 노아의 반박이라고 할 수 있겠다. 다른 사람이 상처받을 수 있다는 이야기에는 동의하지만, 다른 사람에게 상처를 주지 않기 위해 나 자신이 상처받아서는 안 된다는 것. 스스로가 진정 원하는 것을 좇아 선택해야 한다는 것. 어떤 일을 하지 말아야 할 무수한 이유들과, 그 일을 해야 할 단 한 가지 명백한 이유 속에서 앨리는 어떤 선택을 했을까?

무언가를 선택하는 일은, 특히 그것이 사랑과 같은 문제라면 논리적으로만 접근하기는 어렵다. 합리적인 선택이었다고 해도, 그러한 선택이 나를 행복하게 하는지 여부는 또 다른 문제이기 때문이다. 인간은 이성적 존재이지만, 동시에 감정을 지닌 존재이기도 하다는 점에서 그러하다.

그럼에도 불구하고, 논증은 우리가 어떤 선택을 할 때 여러 가지 대안들 속에서 최선의 선택을 할 수 있도록 이끌어 준다. '어떤 선택이 나를 더 행복하게 하는가?', '나에게 행복이란 무엇인가?'에 대한 답을 찾아 나가는 과정 또한 논증이기 때문이다.

논증 행위의 한 과정인 토론은 결국 승자와 패자가 가시화되기 때문에 '논리論'보다 '다툼爭'이 부각되곤 한다. 이와 관련하여 재미있는 연구 결과가 있다. 찬성과 반대 양측의 참여자들은 토론 후에 기존의 입장이 그 전보다 강해질까, 약해질까? 실제로 토론을 하고 나면 참여자들의 입장은 강화되기보다는 약화되는 경향이 있다고 한다.[3] 토론을 통해 자신과 다른 의견의 합리성에 대해 따져 보면서 '내 생각이 절대적인 것은 아니구나.' 하는 것을 깨닫게 되기 때문이다.

한편, 논증의 참여자는 그런 반대 입장을 경험했지만 '그럼에도 불구하고 내 생각이 더 가치가 있다.'고 생각하게도 되는데, 일종의 변증법적인 경험으로 자기 생각을 더욱 존중

하는 계기가 된다는 점에서 의미가 있다.

내용 면에서 좋은 논증을 하기 위해 가장 중요한 것은 '**타당성**'을 갖추는 것이다. 논리학에서는 타당성이 논증의 형식적인 올바름을 의미한다.

- 모든 실패는 인간을 성장하게 만든다. (대전제)
- 나는 실패했다. (소전제)
- 따라서 나는 성장한다. (결론)

이 논증의 경우, 모든 실패가 인간을 성장하게 만들지 않을 수도 있으며(실패한 후 성찰하지 않는다면 성장이 일어나지 않을 수 있으므로), '나'가 사실은 실패한 것이 아닐 수도 있으므로, 전제가 참이 아닐 가능성은 얼마든지 있다. 그러나 형식적으로는 올바르기 때문에(전제가 결론을 포함하고 있기 때문에) 타당성을 갖춘 논증이 된다.

그러나 다음 논증은 전제가 참이라고 하더라도 형식적으로 올바르지 않기 때문에 타당성을 갖추었다고 보기 어렵다.

- 잠자기 전에 껴안아 주는 건 수면제의 12배 효과가 있다고 한다. (전제)
- 그러므로 잠자기 전에 수면제 12개를 먹으면 누군가가 껴안아 주는 효과를 얻을 수 있다. (결론)

어떤 논증이 좋은 논증인지 평가하기 위해서는 다음 세 가지 기준을 떠올려 보면 된다.

- 전제들이 받아들일 수 있는 것인가? (Acceptable)
- 전제와 결론이 밀접하게 관련되어 있는가? (Relevance)
- 전제들이 결론을 뒷받침하기에 충분한가? (Sufficiency)

첫째, '전제들이 받아들일 수 있는 것인가?'는 전제들이 확실하게 참이라고 알려지지 않았더라도 받아들일 만한 합당한 이유가 있어야 한다는 것이다. 예컨대 'A 학생을 내년도 우리 대학 신입생으로 선발해야 한다.'라는 결론(주장)에 대해 다음과 같은 전제들을 제시할 수 있다.

---

① A 학생은 모든 내신 과목에서 다른 지원자들에 비해 상대적으로 우수한 성적을 보였다.

② A 학생을 직접 만나 면접을 해 보았더니 매우 영민하고 리더십이 있는 것으로 보인다.

③ A 학생의 담임 선생님이 써 준 추천서에 의하면 A 학생은 훌륭한 학생이라고 한다.

④ 지난 몇 년간 추적 조사해 본 결과 A 학생과 유사한 특성을 지닌 학생들은 대학에서의 수학 능력이 뛰어났다.

---

①은 객관적으로 참인 진술, ②는 직접 관찰했거나 경험한 사실, ③은 믿을 만한 타인의 증언, ④는 다른 논증을 통해 입증된 결과이다. 이와 같이 좋은 논증이 되기 위해서는 기본적으로 믿을 만하거나, 다른 사람이 받아들일 만한 전제를 제시해야 한다.

둘째, '전제와 결론이 밀접하게 관련되어 있는가?'는 전제가 결론(주장)과 상관이 없거나 주장에서 벗어나서는 안 된다는 뜻이다. 예컨대 A 학생이 지원한 입학 전형이 '논술 우수자 전형'이라면, 내신 과목 성적은 A 학생을 선발하는 데 큰 관련성이 없을 것이다. 이 경우 제시된 전제 ①은 수용 가능성은 있지만 관련성을 갖지 못하므로 결론을 합리적으로 뒷받침한다고 볼 수 없다.

셋째, '전제들이 결론을 뒷받침하기에 충분한가?'는 결론(주장)을 받아들일 만큼 충분한 이유와 근거를 제시해야 한다는 것이다. 가령 A 학생을 선발하기 위해 전제 ②만을 제시했다고 가정해 보자. 영민하고 리더십이 있는 것만으로 우리 대학의 신입생이 될 자격이 있는지 판단할 수 있을까? A 학생을 선발하기 위해서는 그가 우리 학교의 인재상과 부합하는지, 잠재력이 있는지, 학업 성취도가 우수한지, 협업 능력이나 소통 능력을 갖추고 있는지 등 다면적이면서도 충분한 증거가 필요할 것이다.

위 세 가지 기준을 모두 갖추었다고 해서 반드시 좋은 논증이 되는 것은 아니다. 하지만 좋은 논증이 되기 위해서는 기본적으로 이 세 가지 기준을 충족해야 하므로, 논증의 전 과정에서 이를 염두에 둘 필요가 있다.

💬 어떤 건 논증이고, 어떤 건 논증이 아니라니?

재미난 심리학 실험이 있다. 1977년 하버드대학교 심리학자 랭거 Ellen J. Langer는 '다른 사람이 나의 요구를 들어주도록 하기 위한 가장 좋은 방법은 무엇인가'를 찾아내기 위한 실험을 했다.[4] 복사기를 사용하기 위해 여러 사람이 줄을 서 있는데, 한 사람이 끼어들며 말하는 상황이다.

- 남자 1: 실례합니다. 저 이거 다섯 장을 복사해야 하는데요. 복사기 좀 써도 될까요?
- 남자 2: 실례합니다. 저 이거 다섯 장을 복사해야 하는데요. 제

가 바빠서 그런데, 복사기 좀 써도 될까요?
- 남자 3: 실례합니다. 저 이거 다섯 장을 복사해야 하는데요. 제가 복사를 해야 해서 그런데, 복사기 좀 써도 될까요?

사람들은 세 사람의 부탁에 어떻게 반응했을까?

예상과 같이 자신의 요청(주장)만 말한 첫 번째 남자의 부탁은 60%의 사람들이 들어주었고, 이유와 함께 말한 두 번째 남자의 요청은 94%의 사람들이 들어주었다. 놀라운 것은 세 번째 남자의 경우다. 주장을 그대로 반복한 바보 같은 이유였지만 93%의 사람들이 그의 부탁을 들어준 것이다.

이를 통해 우리가 알 수 있는 것은, 첫째, 사람들은 그 내용의 합리성을 따지기에 앞서 이유나 근거를 이야기하는 것과 같은 담화의 형식에 일단 주목한다는 것, 그러므로 주장을 관철하기 위해서는 그만큼 이유가 중요하다는 것이다. 그리고 둘째, 우리가 이렇게 다른 사람들의 술책에 넘어가지 않기 위해서는 논증인 것과 논증 아닌 것을 잘 구분하는 눈을 키워야 한다는 것이다.

한편, 논증과 가장 많이 혼동하는 것은 **'설득'**이다. 논증의 목적이 다른 사람을 설득하는 데(자기 견해의 수용 가능성을 높이는 데) 있기 때문에 논증과 설득을 흔히 혼용하곤 하는데, 설득이지만 논증이 아닌 경우가 있다.

- "요즘 아이들 숨 엄청 쉬잖아요! 요즘 같은 때 공기청정기 꼭 필요합니다."(홈쇼핑 공기청정기 광고)
- "민낯으로 밖에를 어떻게 나가요. 그렇게 맨얼굴로 기미, 잡티 다 내보이고 나이 든 티 잔뜩 내고 초라하게 나가면 안 되지요. 그럴 때 이 화장품이 딱 필요한 거죠."(중년 여성을 위한 화장품 광고)

이를 논증의 형식인 전제와 결론으로 나누어 제시하면 다음과 같다.

- 요즘 아이들은 숨을 엄청 쉰다.(?) (전제)
- 따라서 이 공기청정기를 사야 한다. (결론)

- 민낯으로 밖에 나가서는 안 된다.(?) (전제)
- 따라서 이 화장품을 사야 한다. (결론)

설득 담화 중 우리가 가장 빈번하게 접하는 광고의 경우 전제와 결론이 제시되어 있는 것처럼 보이더라도, 판매 또는 선전하고자 하는 대상에 대한 호의적인 태도의 형성이라는 목적 달성을 우선시하기 때문에 타당성, **신뢰성**, **공정성**은 무시되는 경우가 많다. 따라서 전제와 결론이 합리적인지 찬찬히 따져 보는 자세가 필요하다.

또 논증과 혼동되는 다른 경우가 있다. 다음의 학생 글[5]을 살펴보자.

우리는 왜 야구에 열광할까?

'세상에 재밌는 게 더 많아졌다 해도 야구를 대신할 수 있는 건 없어.'(야구 게임 업체의 광고 문구)

한국 프로 야구는 1982년 6개의 팀으로 출범한 이래 꾸준히 성장해 왔으며, 올해는 역사상 처음으로 1000만 관중을 돌파하는 등 오늘날 국민 스포츠로 자리 잡았다. 그렇다면 우리는 왜 야구에 열광할까?

첫째, 야구에서는 예측 불가능한 승부가 펼쳐진다. 야구는 축구나 농구처럼 빠르게 상황이 바뀌는 스포츠와 달리, 경기의 리듬이 비교적 느리고, 각 플레이 사이에 시간적 여유가 많다. 이 여유는 팬들로 하여금 상황을 곱씹게 하고, 예상과 긴장을 축적하게 만든다. 이런 축적된 긴장은 클러치 상황(예: 9회말 2아웃 만루)에서 폭발적인 감정을 만들어 내며, 다른 스포츠에서는 쉽게 느낄 수 없는 감정적 해방과 도파민을 불러일으킨다.

둘째, 야구는 공이 아닌 사람으로 점수를 내는 스포츠이다. 대부분의 구기 종목에서는 공이 골대로 들어가거나, 랠리를 통해 점수가 결정된다. 그러나 야구에서는 '사람'이 직접 홈 베이스를 밟아야 점수가 기록된다는 점에서 차이가 있다. 홈 베이스를 밟기 위한 슬라이딩이나 상대팀에게 점수를 내주지 않기 위한 호수비와 같은 격정적 플레이는 보는 관중들로 하여금 큰 흥미와 긴장감을 선사한다.

셋째, 야구가 주는 소속감 또한 무시할 수가 없다. 최근 한국 프로 야구에서는 과거 수동적인 응원 활동에서 벗어나 응원단장과 치어리더의 주도 아래 모든 관중들이 함께 적극적으로 참여하는 응원 문화를 보여 준다.(유재형, 2018)* 경기장 내 음향, 조명 시스템은 수많은 관중들을 통일된 동작으로 유도할 수 있게 도와주며, 선수 개개인의 등장곡과 구단 응원가는 관중들의 흥을 돋우고 개인을 하나로 묶어 주는 소속감을 자아낸다.

---

* 유재형(2018), 「한국 프로야구 관중의 응원활동에 관한 인식 연구」, 한양대학교 대학원 석사 학위 논문.

위 글은 논증인가, 아닌가? 이 글의 결론은 '우리는 야구에 열광한다'이고, 그에 대한 전제로 '예측 불가능한 승부', '사람으로 점수를 내는 규칙', '야구가 주는 소속감'이 제시된 것일까? 이 글은 야구의 인기 비결에 대해 정당화하려고 하는 것일까, 설명하려고 하는 것일까?

논증은 간단히 표현하면 '결론(주장)+전제(이유)'이고 설명은 '핵심적인 내용+상술'이다. 논증을 하는 사람은 하나 이상의 이유로 그것을 뒷받침하고 '타당한' 이유를 제시할 때에만 자신의 주장이 타인에게 수용 가능할 것이라고 생각해야 한다. 다시 말해 논증의 결론은 그 자체가 입증(정당화)의 대상이기 때문에 아직 참이거나 사실인 것으로 인정되지 않았다고 보아야 한다. 반면에 설명은 이미 참이거나 사실임이 인정된 것을 '이해'할 수 있도록 만들기 위한 것이다.

이렇게 볼 때 위에 제시된 글은 '우리는 야구에 열광한다'는 것을 이미 '참'으로 설정하고 그것의 원인을 '이해'시키는 데 초점이 있으므로 논증이 아니라 설명(그중에서도 인과관계의 이해를 목적으로 하는 인과적 설명)이라고 할 수 있다.

논증을 잘하면 '더 나은 인간'이 될 수 있다고?

논증에 대한 정의에는 여러 가지가 있지만, 국어 교육에서는 다음의 정의가 가장 널리 쓰인다.

> 어떤 입장을 정당화하려는 의도로 자기 주장의 수용 가능성을 증대시키는 것을 목적으로 하는 언어적이고 사회적인 추론 행위[6]

여기서 '자기 주장의 수용 가능성을 증대'한다는 것은 우리가 잘 알고 있는, 논증의 설득적 속성을 의미한다. 그렇다면

'언어적이고 사회적인 추론 행위'라는 것은 구체적으로 무엇을 의미하는 걸까? 추론이란 '어떤 판단을 근거로 삼아 다른 판단을 이끌어 내는 것'이니, 이유와 근거라는 정보를 모아서, 그 정보를 활용해서 결론으로 나아가는 추론 과정이 곧 논증의 과정이라는 것이다. 그런 점에서 논증은 이전의 나의 사고를 넘어서게 하는 중요한 기제가 된다고 할 수 있다.

이때 '이전의 나의 사고'를 넘어서기 위해서는 나와 다른 견해에 대해 탐구하는 자세가 뒤따라야 한다.[7] 단순히 옳고 그름이 아니라, 이 판단이 저 판단보다, 이 가설이 저 가설보다 왜 더 나은가를 논리적으로 계속 따져 물어야 하는 것이다.

이는 근거를 바탕으로 자신의 가설을 입증해 나가는 학자들의 학술 행위와도 닮아 있으며,[8] 논증이 **탐구적 속성***을 지니고 있음을 의미하는 것이기도 하다. 실제로 우리나라 교육 과정과 비슷한 역할을 하는 미국의 공통핵심기준Common Core State Standards, CCSS에서는 모든 학년과 모든 과목에 걸쳐 논증적 글쓰기를 강조하는데, 학

> ★ **탐구적 속성**
> 논증이 이유와 근거라는 정보를 모으고 활용해서 결론으로 나아가는 추론 과정이라는 것은 곧 논증이 탐구적 속성을 지녔음을 함의한다. 탐구적 속성으로 인해 논증은 이전의 나의 사고를 넘어서게 하는 중요한 기제가 된다. 그간 논증을 다룰 때 '자기 주장의 수용 가능성을 증대'한다는 설득적 속성을 부각해 왔지만, 그리스에서부터 이어져 온 논증의 역사를 살펴보면 논증이 탐구의 방법으로 기능해 왔음을 확인할 수 있다.

습이나 탐구에서 논증이 핵심적인 역할을 한다는 것을 보여주는 사례이다.

관련하여 다음의 학생 글[9]을 살펴보자.

정의란 무엇인가

정의에 대해서는 많은 학자들이 논의하였다. 아리스토텔레스와 같은 고대 그리스 사람부터 공리주의의 밀스와 벤담, 그리고 존 롤스와 현대의 마이클 샌델까지, 지구에 살았던 인간이라면 한 번쯤은 정의가 무엇인가에 대해서 생각해 보았다. 심지어 만화 영화 〈세일러문〉에서도 "사랑과 정의의 이름으로 너를 용서하지 않겠다!"라는 전무후무의 명대사에서 정의를 논하고 있다. 과연 정의가 무엇이기에 사람의 가슴을 이렇게 뜨겁게 하는 것일까?

호메로스의 『일리아드』에서는 아킬레우스가 자기 몫의 전리품(여성)을 제대로 받지 못했다고 주장하며 이것은 정의롭지 못하다고 했다. 고대 그리스에서부터 정의란 '분배'의 문제였던 것이다. (중략) 결국 정의가 이룩된 적은 지금까지 없었고, (자원의 희소성으로 인해) 앞으로도 없을 것이다. 그럼 과연 정의란 실제로 존재하는 것인가?

(중략) 그래도 정의에 대한 논의를 보았을 때, 어느 정도 '평등'과 관련된 문제라는 것을 알 수 있는데, 정말로 '옳은 것'은 없고 '평등한 것'만 있는 것인가? 생명이 중요하다고 주장하는 쪽과 생명이 중요하지 않다고 생각하는 쪽에는 평등이란 존재할 수 있는가? (중략)

우리나라의 지금 대선에서 성향이 모호한, 중도파를 표방하는 후보가 어느 정도 선전하는 것을 보면 우리나라에도 어떤 공동체적 '옳음'이 존재하고 있다고 볼 수 있다.

이런 생각까지 하다 보면 과연 우리가 '정의란 무엇인가'에 대해서 논하는 것보다는 '정의란 평등인가, 옳음인가'에 대해서 논해야 한다는 생각이 든다. 물론 철학적 논증에서는 평등이 옳음의 영역까지 포괄한다고 말하는 것이 주류가 될 것이고 시쳇말로 '트렌디한' 쪽이 될 것이다. 그러나 과연 사람들의 생각 속 세일러문의 '정의'를 무시할 수 있는가?

> 그 두 쪽 중에서 한 가지를 요구하는 것은, 이청준의 『소문의 벽』 소설에서 나타나는 '전짓불'과도 같은 것이다. 두 세계 중 하나를 요구하는 것은, 전짓불을 사람에게 비추면 일단 먼저 눈부터 감고 보는 것과 마찬가지로, 그 의도를 떠나서 공포스러운 상황이다. (중략)
> 나는 평소에 '정의란 평등이다'라고 말해 왔다. 그것이 가장 논리적으로 앞뒤가 맞고, '똑똑해 보일 수 있는' 쪽이기 때문이다. 그리고 '정의란 무엇인가'에 대한 글을 쓴다면 호메로스의 일리아드와 존 롤스의 정의론을 들먹이고, 그리고 절대적으로 옳은 것은 없고 각 측의 이익을 정당하게 보장하는 것이 정의라고 앵무새처럼 말할 것이다. 그러나 이렇게 쓰려고 생각하면서 문득 깨달았다. '정말로 나부터 정의란 옳은 것이 아니라 평등한 것이라고 생각하고 있는가?'부터, 학생들이 이런 질문을 받았을 때 '둘 다 맞는 것 같은데…….'라는 생각을 할 것 같다는 생각이 모두 들었다.

위의 글은 '좋은' 논증적 글인가, '나쁜' 논증적 글인가?

판단하기 어렵다면 논증이 '주장+이유+근거+반론 수용과 반박'으로 이루어져 있다는 앞 절의 논의를 상기하면서 다시 한번 읽어 보자.

위의 글에는 주장이 명확하게 드러나 있지 않다. 정의가 옳음이라는 것인지 평등이라는 것인지가 불분명하다 보니 독자로서 어떤 주장에 설득되어야 하는지 알 수가 없다. 그렇다면 위의 글은 '나쁜' 논증적 글일까?

위의 글에서 필자는 '정의란 무엇인가'라는 물음에서부터 시작해서 '정의란 옳음인가'라는 물음을 거치고 '정의란 평등인가'라는 물음을 지나 '둘 다 맞는 것 같은데……'라는 결론에 도달한다. 이러한 결론은 논증 과정에서 정의가 실재하기는 하는 것인지, 정말로 '옳은 것'은 없고 '평등한 것'만 있는 것인지, 자신이 평소에 '정의란 평등이다'라고 말해 왔던 것이 '똑똑해 보일 수 있는' 쪽이었기 때문은 아닌지에 대해 치열하게 성찰한 끝에 필자가 도달한 것이다. 이때 어느 한쪽의 입장을 택하지 않았다고 하더라도 '둘 다 맞는 것 같다'는 이해에 도달한 필자는 이 글을 쓰기 전의 자신보다 정의에 대해 깊이 있는 이해에 도달했을 것이다. 논증을 통해 실질적인 결론에 도달하지 않았다고 하더라도, 따라서 설득 자체에는 실패했다 하더라도 탐구와 성찰 자체가 실패했다고 보기는 어렵다.[10] 타인을 설득하기 위해서뿐만 아니라 나 자신이 삶과 세상에 대해 더 깊이 이해하기 위해 우리는 논증을 한다. 이러한 관점에서 볼 때 위의 글도 얼마든지 '좋은' 논증적 글일 수 있다.

기실 인간의 삶은 복잡하다. 삶에서는, 수학 공식처럼 단 하나의 정답이나 선택지가 존재하는 경우는 거의 없다.

예컨대 '폭력을 저질러서는 안 된다.'라는 주장을 제시하고, 폭력을 저지르면 안 되는 이유를 백 가지도 댈 수 있다. 그렇지만 '폭력 이외에는 불의에 저항할 다른 수단이 없을 때에도 폭력을 저지르면 안 되는가?', '일제 강점기 독립운동가들의 무장 투쟁도 잘못된 것인가?'라고 되물었을 때에는 판단이 달라질 수 있다. '인간에 대한 차별은 옳지 않다.'라고 쉽게 말할 수 있지만, 정작 우리 집 바로 옆에 난민 수용소가 생기는 것을 선뜻 찬성하기는 망설여질 수 있다.

논증의 가치는 바로 여기에 있다. 복잡하고 다면적인 인간의 삶에 대해 미처 몰랐던 다양한 측면들을 살피고 돌아보는 과정, 그리고 논증을 통해 수많은 다름과 모순과 틈새들을 발견하고 그 사이를 오가며 조율하면서 상대적으로 '더 나은' 결론을 향해 가는 과정, 그 과정에서 우리는 '더 나은' 인간이 되어 간다.

논증의 종류

❝ '가치'도 설득할 수 있을까?
- 평등이냐 옳음이냐!

스파이크 존즈 감독의 〈그녀〉(2014)라는 영화가 있다. 휴대 전화의 인공 지능 AI 운영 체제인 사만다(목소리: 스칼릿 조핸슨)와 다른 사람의 편지를 대신 써 주는 작가인 테오도르(호아킨 피닉스)의 사랑 이야기이다.

가만, 인공 지능과 사랑에 빠질 수 있을까? 아니, 생전 만나 보지도 못할 TV 속 아이돌과 사랑에 빠지는 사람도 있고, 집에 있는 인형과 사랑에 빠지는 사람도 있고, 자신이 키우는 도마뱀하고 사랑에 빠지는 사람도 있으니, 내 마음을 이해해 주는 인공 지능과 사랑에 빠지지 못할 것도 없다.

그렇다면, 인공 지능과의 사랑도 '좋은' 사랑이라고 할 수 있을까?

이 영화를 본 누군가는 '서로에게 행복감을 주었고, 이를 통해 테오도르가 성장했으니' 좋은 사랑이라고 결론지을 수도 있을 테고, 또 다른 누군가는 '사만다가 인격체가 아니고, 둘의 관계가 대등하지 않은 데다, 일대일의 관계가 아니니(영화에서 사만다가 자신이 지금 640명과 사귀는 중이라고 테오도르에게 고백하는 장면이 나온다!)' 좋은 사랑이 아니라고 결론지을 수도 있을 것이다.

눈에 보이지도 않고 증명할 수도 없을 법한 '사랑'을, 심지어 그것이 좋은 사랑인지 좋지 않은 사랑인지를 논증하는 것이 가능할까?

일찍이 아리스토텔레스는 논증을 '가치에 기반한 논증', '정책에 기반한 논증', '사실에 기반한 논증'으로 나누었다. 이는 오늘날의 '가치 논증', '정책 논증', '사실 논증'에 해당한다. 이에 따르면, 테오도르와 사만다의 사랑이 좋은 사랑인지 아닌지는 '어떤 대상에 대한 가치 판단 혹은 평가가 진술된 논제'인 **가치 논제**를 다루는 가치 논증에 해당한다.[11]

이때, 단순히 '음식 중에서는 치킨이 제일 좋다.'와 같이 주관적 감정을 표현하는 것은 가치 논증이라고 하기 어렵다. 단순한 개인의 호불호를 넘어서서 타당성을 인정받을 수 있는 보편성을 지닌 가치(정당하다, 선하다, 바람직하다, 아름답다, 고귀하다, 즐겁다 등)일 때 비로소 논증의 대상이 된다. '가치'란 다음과 같이 정의할 수 있다.

> 어떤 특정한 행위의 모습(또는 존재의 목적 상태)을 이와 반대되는 행위의 모습(또는 존재의 목적 상태)보다 개인적으로 또는 사회적으로 더 좋아하는 지속적인 신념[12]

가치는 '좋아함'이라는 개인적인 선호의 영역에서 시작되지만, 갈등 상황에서는 '바람직함'에 대한 인지적 비교와 합리적 추론을 통해 지속적으로 변화하는 것이기도 하다.[13]

이때 '…보다 …가 더 좋다'라고 비교하는 식으로 표현하는 이유는 실상 모든 가치란 좋은 것이기 때문이다. 옳음도 평등함도 그 자체로는 모두 가치롭다. 그러나 옳음과 평등 중에서 무엇이 더 좋은 것인지, 사랑과 정의 중에서 무엇이 더 고귀한 것인지 등을 판단하고자 할 때는, 비로소 가치 논증이 필요하다.

즉, '사랑'이란 인간이라면 누구나 인정할 만한 보편성을 지닌 가치이자, 다른 사랑(연인 간의 사랑, 부모와 자식 간의 사랑, 사제 간의 사랑, 아이돌에 대한 팬의 사랑, 반려동물과의 사랑 등)과 비교하여 그 '좋음'을 판단해 볼 수 있다는 점에서 영화 〈그녀〉에서의 사랑도 논증의 대상이 될 수 있다.

가치 판단을 정당화할 때에는 그 전제로서 사실 판단이 작용하게 되는데, 사실 판단과 가치 판단은 서로 다른 층위에서 이루어진다. 이것이 가치 논증이 정책 논증과 다른 가장 큰 차이점이다.

예컨대, '출산 지원 정책을 늘려야 한다.'라는 정책 논제는 출생률 통계나, 국가별 출산 지원 정책의 현황 비교 같은 사실적 증거를 제시함으로써 정당화될 수 있다. 그러나 가치의 문제에서는 '이 친구는 나의 잘못을 숨겨 주었다.'라는 사실 판단이 '그래서 의리 있는 친구다.'로 이어질 수도 있고, '그래서 의리 없는 친구다.'로 이어질 수도 있다.

또한 '거짓말을 하면 안 된다.'라는 가치 판단을 할 수 있지만, 동시에 선의의 거짓말은 나쁘지 않다고 생각하기도 하며, 나아가 선의를 누가 판단할 수 있으며, 선의의 판단이 가능한 것인지에 대해 의문을 제기할 수도 있다.

이런 점에서 가치의 설득은 사실의 진위나 정책의 유용성을 설득하는 것에 비해 주관성이 강하게 개입된다.[14] 따라서 가치를 정당화할 때는 나 혼자 또는 특정한 몇 명이 아닌, 더 많은 보편적인 사람들이(다른 나라 사람들이나, 50년 후 미래의 사람들마저도) 동의할 수 있도록 **보편화 가능성**을 최대한 넓힐 때 좋은 논증이 될 수 있다.

그러면 가치 논증은 어떤 방법으로 해야 할까? 가치를 논증할 때는 다음 세 가지를 기억해야 한다.

우선, 가치는 저마다 다르게 체험할 수 있기 때문에 논증을 할 때는 먼저 개념을 명확하게 정의하는 것이 중요하다. 예컨대 '사랑'의 경우, '누군가를 위해 기꺼이 희생하려는 태도'를 사랑으로 보는 사람도 있고, '함께 있을 때 행복해지는 마음'을 사랑으로 보는 사람도 있으며, '서로를 성장시키는 관계'를 사랑으로 보는 사람도 있다. 옳음, 평등, 사랑, 정의 등 개별 가치들은 그 자체로 수많은 의미를 내포하고 있기 때문에 이를 어떻게 정의하는지부터가 논증에서 중요한 **쟁점**이 된다.

앞서 언급한 영화 〈다크나이트〉에서 '배트맨의 행위는 정당하다/정당하지 않다.'를 논증하기 위해서는 '정당함이란 선한 의도에서 비롯된 올바름이다.'라든가 '정당함이란 행위의 목적, 과정, 결과가 모두 올바른 것이다.'와 같은 개념 정의가 필요하다.

다음으로, 가치는 추상적이기 때문에 옹호하고자 하는 가치를 구체화하여 비교하거나 측정할 수 있도록 기준을 정할 필요가 있다. 예컨대 '과정의 올바름이 의도의 올바름보다 중요하다.'라는 입장을 옹호하고자 한다면, 과정의 올바름을 가시화하여 판단할 수 있는 기준인 '위법 행위를 저질렀는가?'를 제시할 수 있을 것이다.

끝으로, 실제 사례를 통해 논증하고자 하는 대상이 자신이 제시한 가치 판단 기준에 부합하는지를 제시해야 한다. 예컨대 배트맨의 기물 파손, 횡령, 폭력 등 영화 속 장면들에 '위법 행위를 저질렀는가?'라는 판단 기준을 적용할 수 있겠다.

어떤 정책이 더 나은지는 어떻게 판단할 수 있을까?
- 무엇이 우리에게 더 이익인가?

불과 60년 전만 해도 미국에서는 흑인과 백인이 버스에서 나란히 앉아 갈 수 없었다. 인종 분리법이 1964년에야 폐지되었기 때문이다. 또, 불과 30년 전만 해도 우리나라에서는 버스 안에서 담배 피우는 사람을 흔히 볼 수 있었다(심지어 버스 좌석 등받이에 재떨이가 설치돼 있기까지 했다!). 1995년 국민건강증진법 개정 이후에야 대중교통 내에서의 흡연이 금지되었기 때문이다.

이처럼 사람들의 가치관과 인식이 달라짐에 따라 사회도 계속 변화하며, 정책은 그러한 변화를 반영하거나 때로는 이끌어 내기도 한다. 이와 밀접하게 관련된 것이 바로 '정책 논증'이다.

정책 논증은 주로 **정책 논제**를 다루는데, 정책 논제란 "미래의 가치와 정부의 특정한 변화를 옹호하기 위해 표현되는 것으로, 광범위하고도 예측할 수 있는 찬성 측의 가능성 있는 방안들을 제안하는 것"을 말한다. 그러나 반드시 '정책'을 다루는 것만 정책 논증인 것은 아니다. '자녀를 체벌해서는 안 된다.'와 같이 개인의 행동 변화를 이끌어 내기 위한 논제를 다루는 논증도 정책 논증에 해당한다. 따라서 정책 논증의 주장에는 어떠한 '변화'를 요청하는 내용이 반드시 포함된다.

예컨대 고령화 시대가 가속화되고 있으므로 노인들에게 제공하는 지하철 무임승차 연령 기준을 '현행 만 65세 이상'보다 상향해야 한다는 논의, 소년 범죄가 날로 심각해지므로 현행 만 10~14세 청소년으로 규정된 촉법소년 연령을 하향해야 한다는 논의, 정서적 아동 학대를 금지하는 현행법 조항이 학교에서의 정당한 학생 지도를 어렵게 만드므로 이를 개정해야 한다는 논의 등은 모두 정책 논제를 다루고 있다.

- 노인 무임승차 40년… "지하철 적자 부담" vs "필수 복지"(『파이낸셜 뉴스』, 2024. 3. 10.)
- 처벌 어려운 촉법소년 범죄… "연령 하향" vs "교화 우

선"(『매일일보』, 2024. 4. 4.)
- "아동 기분 상해죄" vs "권리 보호" … '정서적 학대' 운명은(『뉴스 1』, 2024. 8. 25.)

간혹 정책 논제를 '촉법소년 연령을 하향해야 하는가?'처럼 의문문으로 진술하는 경우도 있는데, 정책 논제는 찬반이 대립될 수 있는 문제에 대해 '촉법소년의 연령을 하향해야 한다.'와 같이 명제의 형태로 진술해야 하며, 현 상태를 변화시키고자 하는 쪽이 찬성 입장이 된다. 그리고 찬성 측은 자신의 문제의식이 정당하다는 것을 **심각성**, **지속성**의 차원에서 입증해야 하며, 이에 대해 **해결 가능성**과 **실행 가능성**을 보여줄 수 있어야 한다.

심각성이란 현 상태에 심각한 문제가 존재한다는 것이다. 지속성이란 현 상태 자체가 문제 해결에 방해가 되는 구조로, 정책의 변화가 없다면 문제가 지속될 수 있다는 것이다. 예를 들어 다음과 같이 문제의 심각성과 지속성을 제시할 수 있다.

5대 강력 범죄에 포함되는 살인, 강도, 방화, 성폭력, 폭행·상해 범

죄가 촉법소년에 의해 저질러지는 건수가 해마다 폭발적으로 늘어나고 있다. 특히 강간, 강제 추행 관련 촉법소년은 2021년 398건에서 2022년 557건을 거쳐 지난해에는 760건에 달했다. 지난해 우리나라에서 하루에 두 명 이상이 14세 미만의 자에 의해 강간이나 강제 추행 피해를 당한 셈이다. 딥페이크 등 디지털 성범죄 전체 피의자 수는 지난 4년간 461명으로, 그중 10대가 325명, 70.49%에 달한다.(『매일신문』, 2024. 9. 17.) **[심각성]**

2018년 7364건이었던 촉법소년 범죄 발생 건수가 2019년 8615건, 2020년 9606건, 2021년 1만 1677건, 2022년 1만 6435건, 2023년 1만 9653건으로 해마다 지속적으로 늘고 있다. 1954년에 법제화되어 70년 동안 유지되어 온 현행 촉법소년 기준이 유지될 경우 나이를 무기로 죄의식 없이 저지르는 촉법소년 범죄의 증가 추세는 지속될 수밖에 없다. **[지속성]**

해결 가능성과 실행 가능성은 자신이 제안하는 정책이 문제를 해결할 수 있는지와 그 해결 방안이 실행 가능한 것인지를 입증하는 것이 핵심이다. 또 제시한 해결 방안이 얼마나 청자(또는 독자)의 요구를 만족시킬 수 있는지 여부와 이 정책

으로 인해 우리 사회가 얻을 수 있는 이익이 불이익보다 크다는 것도 입증해야 한다.

청소년 범죄의 원인에 대한 설문 조사 결과 응답자 중 가장 많은 비율인 38.1%가 '미흡한 처벌'을 꼽았으며, 청소년 재범 방지를 위해 가장 필요한 조치에 관한 질문에도 응답자의 44.7%가 '처벌 강도 강화'를 꼽았다. 촉법소년 연령을 하향하면 처벌 수위가 강화되어 소년 범죄가 줄어들 것이다.(『JIBS 뉴스』, 2023. 6. 23. 참고하여 재구성) **[해결 가능성]**

주요 선진국들의 경우 형사 처분을 받지 않는 연령 기준이 프랑스 13세 미만, 캐나다 12세 미만, 영국·호주 10세 미만이며, 일본, 영국, 호주 등 국제적으로 미성년자에 대한 처벌을 강화하는 추세이다. **[실행 가능성]**

낙인으로 인해 교화 효과가 떨어진다는 의견도 있으나(불이익) 범죄 예방 효과(이익)를 고려할 때 촉법소년 연령 하향이 필요하다. **[결론]**

정책 논증의 반대 측은 현 상태에 문제가 없거나 심각하지 않음(심각성에 대한 반론), 문제의 원인을 잘못 밝혔거나 정책의 변화 없이도 문제 해결이 가능함(지속성에 대한 반론)을 통해 반박할 수 있다. 또, 찬성 측이 주장한 방안으로는 문제를 해결할 수 없음(해결 가능성에 대한 반론), 해당 방안이 실행될 수 없음(실행 가능성에 대한 반론), 그러한 방안이 실행된다 하더라도 이익이 적음을 입증할 수도 있다. 찬성 측이 제시한 방안과 경쟁하는(양립 불가능한) 더욱 효과적인 대체 방안을 제시함으로써 찬성 측의 주장을 기각시키는 것 또한 반대 측의 전략이 될 수 있다.

무엇이 진실인지 밝혀 낼 수 있을까?
– 네가 바로 범인이야!

영화나 TV에서 가장 많이 형상화된 문학 작품 속 인간 캐릭터는 누구일까? 바로 셜록 홈스다. 영국 작가 아서 코난 도일이 쓴 추리 소설 시리즈의 주인공인 셜록 홈스는 탐정 캐릭터의 대명사로 알려져 있다. 셜록 홈스는 주변 환경이나 다른 사람의 외양과 행동을 관찰해서 그 사람의 내력까지 추리해 내는 프로파일링 능력을 갖고 있다.

> 셜록: 자네, 우체국에 가서 전보를 치고 왔군.
> 왓슨: 그건 그렇네만 어떻게 알았지?
> 셜록: 그거야 간단하지. 관찰과 추론을 통해 알았다네. 설

명하자면, 자네 구두에 붉은 흙이 묻어 있네. 그런데 지금 런던에서 그런 흙을 밟을 수 있는 건 우체국 앞뿐이네. 그곳이 공사 중이거든. 다음으로 자네는 오늘 아침 내내 이 방에 나와 함께 있었는데, 편지를 쓰지 않았네. 그러면 자네가 우체국에 가서 전보 치는 것 말고 무엇을 할 수 있을까?[15]

셜록은 '왓슨이 우체국에 가서 전보를 치고 왔다.'는 주장을 제시하고, 그에 대한 이유로 구두에 붉은 흙이 묻어 있음을 제시한다. 이와 같이 '사실 논증'은 사실의 진위 여부를 다투는 **사실 논제**를 다룬다.

우리가 알고 있는 사법적 상황에서의 논증은 대부분 사실 논제와 관련이 있다. '이것은 우리 어머니가 그린 작품이 아니다.' '이 사람이 그 죄를 저질렀다.'와 같은 논제들이 그 예이다. 사법적 상황뿐만 아니라 '지구 온난화로 인해 식량 위기가 도래할 것이다.', '자동차의 기계적 결함으로 인한 급발진 사고가 일어날 가능성은 희박하다.'와 같이 사법적 문제와 직접적으로 관련되지 않은 사실 논제도 있다.

> 어제 A가 내가 아끼던 크리스털 화병을 깨뜨렸다.

  이와 같은 사실 논제를 가지고 사법적 유무죄를 판단하기 위한 논증은 대개 다음과 같은 단계를 거친다.

  우선, 사실을 확인하는 추정의 단계이다. 제일 먼저 크리스털 화병이 깨진 것이 사실인지를 입증해야 한다. 화병이 아닌 다른 컵이 깨진 것을 잘못 보았거나, 꿈꾼 것을 착각한 것일 수도 있기 때문이다. 이것이 입증되었다면 그다음은 화병을 A가 깨뜨린 것이 맞는지를 입증해야 한다. 화병이 깨졌다는 그날 A가 우리 집에 오지 않았거나, 그 시간에 다른 곳에 있었다는 것이 입증되면 A는 무죄가 된다.

  이 모든 것이 사실로 입증되면, 그다음은 법적 책임을 규정하는 단계다. '화병을 깬 것은 맞지만 화병이 원래 위험하게 놓여 있었다.'거나, 혹은 '일부러 그런 것이 아니라 문을 세게 닫는 바람에 화병이 떨어져서 깨진 것이다.'라는 반박이 가능한데, 이런 반박에도 불구하고 A에게 법적 책임을 부과할 수 있는지를 입증해야 하는 것이다.

  끝으로 법적 책임이 규정되고 나서는 그 피해의 크기를

결정한다. 크리스털 화병의 원래 가치나 정신적 고통 등을 제시하면서 피해의 중대성을 입증할 수 있다.

정책 논증은 정책의 방향이나 이익 여부 등 주로 거시적 차원에서 논증이 이루어지는 데 반해, 사실 논증은 사실 여부를 규명하기 위한 하나하나의 증거들에 주목해야 하기 때문에 셜록과 같은 세밀한 관찰이나 추론 능력이 중요하게 작용한다.

한 가지 유념해야 할 것은, 정책 논증은 그 결론이 청중(또는 독자)의 이익 여부와 직결되지만, 사실 논증은 그 결론이 청중(또는 독자)의 이익과는 직접적으로 관련되지 않는 경우가 많기 때문에(여기서 청중의 역할은 배심원의 역할과 같다) 결론을 수용할 때 감정의 영향을 더 많이 받을 수 있다는 점이다. 즉, 어떤 대상에 대한 호의적이거나 비호의적인 태도가 판단에 영향을 미칠 수 있다는 것이다.

예컨대 오늘날 흉악 범죄를 저지른 사람이나 정치인, 연예인 관련 사건 등에서 피의자에 대한 피의 사실이 미리 공표되어 과도하게 언론에 노출되면서, 이를 통해 피의자에 대해 부정적인 여론이 형성되곤 한다. 이 경우, 피의 사실에 대한 논리적 입증 여부보다 그러한 여론 자체가 결론을 수용하는 데 결정적인 영향을 미칠 수 있으므로 주의해야 한다.

논증의 구성 요소

❝ 논증의 구성 요소를
따져야 하는 이유

영화 〈완득이〉(2011)에서 킥복싱 도장을 다니는 완득이(유아인)가 담임 교사(김윤석)의 허락으로 '야자'에서 면제되자, 부장 교사(조덕제)가 완득이의 담임 교사(이 선생)에게 따진다.

> 부장 교사: 저기 이 선생, 아 이게, 이게… 야자 면제 사유가 됩니까, 이게?
> 이 선생: 완득이. 예. 제가 면제시켰습니다. 얘 킥복싱 도장 다닌대요. 얘 소질 있대요.
> 부장 교사: 휴, 아무리 소질이 있어도 그렇지, 그 뭐 예체

>   능 학원도 아니고. 아, 그리고 지금 한참 열심히 할 고2
>   때인데….
> 이 선생: 쌤, 완득이 성적 아시잖아요. 걔 안 돼요. 걔 지
>   금 시작해서 될 것도 아니고, 얘 킥복싱이 딱 맞아. 누
>   가 압니까? 완득이가 또 나중에 열심히 해서 효도르같
>   이 유명한 사람이 될지?

이 대화에 나타난 부장 교사의 논증을 분석해 보자.

① 완득이를 야자에서 면제시킬 수 없다.
② 킥복싱 도장은 예체능 학원이 아니기 때문에 야자 면제 사유가 될 수 없다.
③ 또한 고2는 야자에 참여해 한참 열심히 공부해야 할 때이다.

이에 대해 반박한 이 선생의 논증은 아래처럼 분석할 수 있다.

① 완득이를 야자에서 면제시킬 수 있다.
② 킥복싱에 소질이 있으므로 완득이가 유명한 선수처럼

될 가능성이 있다.

③ 또한 완득이의 성적은 야자를 하며 공부를 시작하더라도 오를 가능성이 없을 정도로 낮다.

각각의 논증에서 ①은 결론, ②와 ③은 결론을 뒷받침하는 전제이다. 여기까지는 두 사람의 의견이 팽팽하게 대립하지만, 이어지는 이 선생의 말에 부장 교사는 할 말을 잃는다.

이 선생: 그 말이 나와서 말씀드리는 건데, 이 야자가 야간 자율 학습이라는 얘긴데, 자율 학습을 면제시킨다, 이 말이 됩니까, 이게? 야간 강제 학습이라면 몰라도. 야간 강제 학습… 야, 야간, 강요? 야강?

부장 교사: ….

이 선생은 야간 '자율(남의 지배나 구속을 받지 아니하고 자기 스스로의 원칙에 따라 어떤 일을 하는 일)' 학습을 '면제(책임이나 의무 따위를 면하여 줌)'시키는 것이 말이 되냐고 꼬집었다. 부장 교사의 논증에서 겉으로 드러난 주장, 이유, 근거 외에 숨겨진(생략된) **전제***, '특별한 사유가 있는 학생을 제외한 나머지 학생들은 모두 야자에 참여해야 한다'는 전제를 부정하

> ★ 전제(warrant)
> 주장과 이유를 이어 주는 보편적인 원칙, 혹은 명시적인 이유나 근거들 사이에 감춰져 있는 가치 기반이나 지향점. 형식 논리학의 관점에서 대전제와 소전제를 모두 포괄하는 넓은 개념으로 쓰이는 '전제(premise)'와는 혼용되는 경우가 있어 구별하여 사용해야 한다. 논증을 할 때에는 사회 구성원들이 오랜 시간 당연하게 여겨 왔던 가치, 생각, 상황이라 할지라도 당연한 전제로 간주하지 않고 그 타당성에 대해 숙고하는 자세가 필요하다.

여 부장 교사의 주장이 타당하지 않음을 밝혔다.

우리는 사회 구성원들이 오랜 시간 익숙하게 받아들인 상황을 너무나 당연한 전제로 생각하여, 그것이 타당한가에 대한 근본적인 고민 없이 수용하는 경우가 많다. 이 선생은 '야자 참여는 고등학생의 의무'라는 숨겨진(부장 교사가 대화에서 생략한) 전제를 옳지 않다고 비판함으로써 부장 교사의 논증을 쉽게 무너뜨렸다. 이처럼 다른 사람의 논증을 분석하여 논증을 구성하는 전제와 결론을 찾은 후 그 안의 허점을 찾아 비판하면 성공적으로 자신의 논증을 강화, 방어할 수 있다.

따라서 누군가가 우리에게 논증을 펼칠 때 가장 우선할 일은 해당 논증의 구성 요소를 분석하는 것이다. 즉 논증에서 주장하는 바가 무엇이며, 주장을 뒷받침하는 이유와 근거가 무엇인지 찾아야 한다.

논증의 구성 요소는 글 또는 말로써 명확하게 드러나는

편이지만, 종종 생략되기도 한다. 누구나 알고 있으며 당연하다고 생각되거나 쉽게 짐작할 수 있는 경우라면 쉽게 생략된다. 특히 위에서 사례로 든 영화 장면처럼 흔한 일상 대화에서는 전제와 결론이 자주 생략된다.

- 여기는 임산부석이야. 너는 앉을 수 없어.
    → '너는 임산부가 아니다.'라는 전제가 생략되어 있다.

- 3월에 학생회 임원들이 모두 리더십 캠프를 간다는데, 호영이도 학생회래.
    → '호영이는 리더십 캠프를 간다.'라는 결론을 함축한다.

이처럼 겉으로 드러난 논증의 구성 요소 외에도 숨겨진 전제 또는 결론을 찾아 촘촘히 따져 본다면, 다른 사람의 논증을 비판적으로 받아들이고 나의 논증을 효과적으로 펼칠 수 있을 것이다.

만약 이 선생의 마지막 대사에 이어서 부장 교사가 다음과 같이 말했다면 어땠을까? 이 선생의 날카로운 지적은 힘을 잃어, 또 다른 이유로 부장 교사를 설득해야 했을 것이다.

> 부장 교사: 이 선생은 자율 학습을 '학생들이 자율적으로 참여하는 학습'으로 이해한 것 같은데, 그게 아니라, '교사의 지도 없이 학생 스스로 하는 공부'를 뜻해요. 야간 자율 학습의 사전적 정의는 '방과 후에 학교에 남아 공부하는 일'입니다. 그리고 이건 우리 학교 학생의 의무라 교사의 허락하에 면제할 수 있는 겁니다.

나의 견해를 다른 사람도 받아들이게 하고 싶다면, 나의 견해가 과연 빈틈없이 옳은지를 분석해 볼 필요가 있다. 이때 분석의 대상이 되는 것이 논증의 구성 요소이다. 우리가 논증의 구성 요소를 알아야 하는 이유는 우리가 주장을 펼칠 때 **논증의 구성 요소**★를 고려 및 점검해서 표현해야 타인을 효과적으로 설득할 수 있기 때문이다.

논증의 구성 요소를 고려하는 태도는 다른 사람이 펼치는 주장을 무조건 수용하기보

> ★ **논증의 구성 요소**
> 논증을 구성하는 핵심 요소. '주장'(독자의 동의를 구하는 진술), '이유'(주장을 뒷받침하는 진술), '근거'(이유를 구체적으로 뒷받침하는 진술), '반론 수용과 반박'(독자의 문제 제기에 대한 대응) 등이 포함된다. 논증의 구성 요소를 이해하면 타인의 논증을 비판적으로 수용하고, 자신의 논증을 효과적으로 전개할 수 있다.

다는 비판적으로 수용할 수 있게 한다. 또한 나의 견해가 틀릴 수 있다는 것을 쉽게 인정하여 나와 다른 상대방의 견해를 열린 마음으로 수용할 수 있게 한다.

논증은 무엇으로 이루어질까?

그렇다면 논증은 무엇으로 구성될까? 논증은 주장, 이유, 근거, 반론 수용과 반박으로 구성된다. 논증의 구성 요소 중 주장과 이를 뒷받침하는 이유만 있으면 가장 기본적인 논증이 완성된다. 두 요소를 쓰는 순서가 특별히 정해져 있지는 않다.

- 청소년의 SNS 사용을 규제해야 한다.(주장) 청소년의 SNS 중독이 심각하기 때문이다.(이유)
- 청소년의 SNS 중독이 심각하다.(이유) 따라서 청소년의 SNS 사

용을 규제해야 한다.(주장)

주장claim은 전체 논증의 핵심이다. 주장은 이유나 근거를 통해 뒷받침되며 하나의 논증에는 반드시 하나의 핵심 주장이 존재한다. 주장을 찾기 위해서는 주어진 논증에서 핵심 요점이 무엇인지, 무슨 말을 하고자 하는지, 청자 또는 독자에게 어떤 행동 또는 생각의 변화를 바라는지를 파악해야 한다. 그런데 간혹 하나의 논증에 주장이 두 개인 것처럼 헷갈리는 경우가 있다.

---

① 청소년의 SNS 사용을 규제해야 한다.
② 청소년에게 SNS는 악영향을 준다.
③ SNS에 중독된 청소년들은 학업과 교우 관계를 망치기 쉽다.

위의 논증에서는 ①, ②가 모두 주장인 것처럼 보이지만 주요 주장은 ①뿐이고, ②는 주요 주장을 뒷받침하는 **하위 주장**이며 ③은 ②를 뒷받침하는 이유이다. 주요 주장main claim은

전체 논증이 다루는 문제에 대한 해법을 진술하는 핵심 주장이고, 주요 주장이 아닌 주장들은 모두 하위 주장이다. 하위 주장subclaim은 주요 주장을 뒷받침하는 이유이며, 이 하위 주장을 또 다른 하위 주장들이 뒷받침하기도 한다.

이유reason는 주장을 뒷받침하는 모든 진술이다. 위에서 설명한 하위 주장과 같은 개념이다. 이유를 찾기 위해서는 주장에 동의해야 하는 이유는 무엇인지, 주장을 뒷받침하기 위해 어떤 이유를 제시할 수 있는지를 고민해야 한다.

이유가 제시되는 방식은 병렬 구조와 직렬 구조가 있다. 병렬 구조는 주장을 직접적으로 뒷받침하는 이유들을 대등하게 제시하는 것이다.

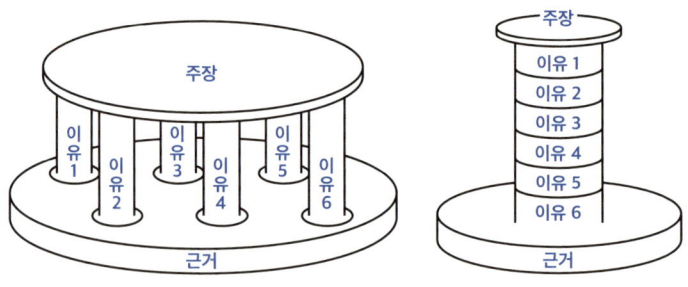

이유가 제시되는 방식의 병렬 구조(왼쪽)와 직렬 구조(오른쪽)

다음은 병렬 구조로 이유가 제시된 논증 예시인데, 이유 1, 이유 2, 이유 3이 주장을 독립적으로 뒷받침하기 때문에 하나의 이유를 빼더라도 다른 이유가 영향받지 않는다.

청소년의 SNS 사용을 규제해야 한다.(주장) 첫 번째, SNS에 중독된 청소년은 학업과 교우 관계를 망치기 쉽다.(이유 1) 두 번째, SNS 공간에서 발생하는 사이버 괴롭힘이 심각해지고 있다.(이유 2) 마지막으로, SNS를 통해 술, 담배 등 유해 물품을 쉽게 구매하는 청소년이 증가하고 있다.(이유 3)

직렬 구조는 하나의 이유가 다른 이유를 뒷받침하는 구조를 뜻한다.

청소년의 SNS 사용을 규제해야 한다.(주장) SNS가 청소년의 신체적, 정신적 건강에 악영향을 주기 때문이다.(이유 1) 해외에서는 술, 담배에 붙이 경고문처럼 SNS에도 "청소년 건강에 유해하다"는 경고문을 붙여야 한다는 의견이 나오고 있다.(이유 2) SNS를 오

래 사용하는 청소년은 거북목이 되기 쉬우며 자신과 타인을 비교하며 우울증을 경험할 확률이 높기 때문이다.(이유 3)

위의 논증은 이유 3이 이유 2를, 이유 2가 이유 1을 각각 종속적으로 뒷받침하여 이유 1을 촘촘하게 강화하고 있다. 내용에 따라 이유가 병렬, 직렬로 다양하게 제시될 때 해당 논증이 타당해지고 설득력을 얻게 된다.

근거evidence는 주장을 뒷받침하는 이유를 신뢰할 수 있도록 뒷받침해 주는 구체적인 진술이다.

---

① 청소년의 SNS 사용을 규제해야 한다.
② 청소년에게 SNS는 악영향을 주기 때문이다.
③ 하루에 3시간 이상 소셜 미디어를 사용하는 청소년은 우울증과 불안 증상을 포함한 정신 건강 악화를 경험할 위험이 두 배나 높았다는 연구 결과가 있다.
④ 청소년 정신 건강을 해치고 있다는 이유로 틱톡을 상대로 소송을 제기한 사례가 있다.

①은 주장, ②는 주장을 뒷받침하는 이유, ③과 ④는 ②를 뒷받침하는 근거이다. 보통 '근거'와 '이유'를 비슷하게 사용하기 때문에 두 개념을 혼동하기 쉽다. 이유는 주장을 뒷받침하는 보편적인 진술이지만 근거는 주장을 뒷받침하기 위해 활용되는 사실, 통계 자료, 사례라는 점에서 구별된다. 이유는 주관적으로 진술될 수 있지만 근거는 객관적으로 관찰 가능하다. 따라서 이유인 ②를 부정하는 '청소년에게 SNS는 긍정적인 영향을 준다'는 진술은 가능하지만 근거인 ③과 ④는 부정하기 어렵다.

논증 과정에서 근거를 제시할 때에는 근거를 어디에서 찾았는지 출처를 명확하게 밝히는 게 좋다. 출처를 모호하게 밝히거나 출처의 신뢰성이 떨어질 경우, 근거의 진위를 의심받을 수 있기 때문이다. 신뢰성이 높은 출처인지 판단하기 위해서는 최신 자료인지, 해당 분야의 전문가가 제시한 자료인지를 살피는 것이 좋다. ③, ④의 출처를 아래처럼 명확하게 밝히면 논증이 더욱 탄탄해진다는 것을 확인할 수 있다.

---

③ 미국 보건복지부에서 발표한 보고서에 의하면 하루에 3시간 이상 소셜 미디어를 사용하는 청소년은 우울증과 불안 증상을

포함한 정신 건강 악화를 경험할 위험이 두 배나 높았다는 연구 결과가 있다.

④ 2024년 10월, 미국 12개 주와 컬럼비아 특별구가 청소년 정신 건강을 해치고 있다는 이유로 틱톡을 상대로 소송을 제기한 사례가 있다.

근거의 종류에는 사실, 통계 자료, 사례가 있다.

'사실'은 진실로 인정되어 반박할 수 없는 진술이다. 예를 들어 '대한민국의 수도는 서울이다.', '1+2=3'과 같은 진술이 '사실'에 해당한다.

'통계 자료'는 표, 그래프, 차트 형태로 제시된다. 또는 '아이폰의 국내 시장 점유율이 25%를 달성했다.'처럼 말로 진술될 수도 있다.

'사례'는 설명하려는 대상의 구체적인 예시이다. 설명하려는 내용을 실제 사진이나 그림으로 제시할 수도 있다. '프랑스 남부 리비에라 지역에 사는 파르키에(44)와 델핀 다퓌(47)는 딸 샤를리즈 다퓌 파르키에가 틱톡에 중독되어 극단적인 선택을 하자, 틱톡을 상대로 프랑스 법원에 소송을 제기했다.'는 SNS가 청소년의 정신 건강에 미치는 악영향을 대표적으로 보여 주는 사례로, 이유를 뒷받침하는 근거로 기능한다.

지금까지 설명한 주장과 이유, 근거만 잘 제시해도 설득력 있는 논증이 될 수 있지만, 해당 문제에 관심이 많은 사람, 나와는 다른 관점을 가진 사람들은 다방면에서 의심과 반론을 제기할 수 있다. 청소년의 SNS 사용을 규제해야 한다는 주장을 하기 위해 타당한 이유와 근거를 제시했음에도 다음과 같은 질문을 받을 수 있다.

- 그런데 SNS가 청소년에게 긍정적인 영향을 미치는 경우는 생각해 봤는가?
- SNS 사용이 대인 관계 형성에 도움이 된다는 청소년에게는 뭐라고 할 것인가?
- 청소년의 SNS 사용 규제를 반대하는 사람들의 견해는 알고 있는가? 이에 대해 어떻게 반박할 수 있는가?

내가 제시한 주장, 이유, 근거에 제기될 수 있는 반론을 고려하고 이에 대한 반박을 제시할 수 있다면 더욱 설득력 있는 논증이 될 수 있다. **'반론 수용과 반박'**은 일반적으로 논증의 핵심인 주장, 이유, 근거를 모두 제시한 후에 제시한다.

물론 SNS 사용이 청소년에게 긍정적인 영향을 줄 수도 있다. 코로나 19 팬데믹 사태로 등교가 중단되자 청소년들은 SNS로 관계를 형성했고 학습에 필요한 정보를 얻기도 했다.(반론 수용) 하지만 코로나 이후 우울증을 앓거나 대인 관계 형성에 어려움을 겪고 있는 청소년들의 상담 사례가 급증했고 학업 격차는 매우 심해졌다. SNS로 많은 사람과 교류할 수 있지만 그 관계는 대체로 얕고 피상적이며, 학업 능력이 높은 학생들의 SNS 사용 시간이 적다는 점은 결국 SNS의 긍정적 영향보다 부정적 영향이 크다는 사실의 반증이다.(반박)

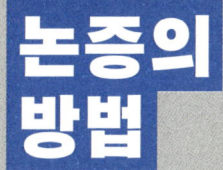

💬 어떻게 하면 합리적인 판단을 할 수 있을까?

___

배심원 여러분, 지금 정확한 증거가 없이 '정황'상으로 피고인을 범인으로 몰아가고 있습니다. '증거'가 없다면 모든 가능성을 열어 두고 생각을 해 보셔야 하지 않을까요? 과연 한철민의 아내 서정아 씨가 죽은 건 사실일까요? 자, 제가 지금부터 셋을 세면, 저 뒷문을 통해 피해자 서정아 씨가 나타납니다. 하나, 둘, 셋.

(모든 사람들이 뒷문을 쳐다본다.)

자, 지금 이 실험으로 여러분들은 모두 서정아 씨가 죽지 않았을 수도 있다는 의심을 하기 시작하신 겁니다. 모든 가능성을 열어 두고 생각해 주시길 부탁드리겠습니다. 감사합니다.

– 영화 〈의뢰인〉 중에서

법정 영화 〈의뢰인〉의 후반부에 나오는, 피고인 한철민(장혁)의 변호인 강성희(하정우)의 대사이다. 이 사건에서 검사는 증거 없이 정황만을 바탕으로 논증을 전개한다. 그러나 정황만으로 사건을 판단하기는 어렵다. 최후 변론에서 피고인 측 변호인은 정황 증거만으로 진실을 가려내는 것이 얼마나 위험한지 보여 주기 위해 배심원들을 대상으로 재치 있는 실험을 한다. 피해자의 시신이 발견되지 않은 사실을 이용하여, 배심원들로 하여금 피해자가 살아 있을지도 모른다는 생각을 무의식적으로 하게 만든 것이다. 영화 연출 또한 피해자가 증인으로 나타날 것처럼 법정의 문을 서서히 클로즈업하지만, 피해자는 나타나지 않는다.

이처럼 입장이나 주장(결론)이 서로 다른 경우에는 다양한 질문을 던지고 이를 뒷받침하는 가정이나 전제를 꼼꼼하게 따져 보아야 한다. 예컨대 법정의 상황에서는 '공통된 증거는 무엇인가?', '불일치하는 증거는 무엇인가?', '증거를 토대로 내릴 수 있는 결론은 무엇인가?', '사건의 책임은 어느 쪽이 더 큰가?', '향후 어떤 조사가 더 필요한가?' 등의 질문을 던질 수 있다.

한편, 우리는 다른 사람이 직접 관찰한 것을 말할 때 그의 말을 믿는 경향이 있다. 그러나 자세히 살펴보면, 우리가 그의 말을 믿을 때는 몇 가지 가정을 하고 있음을 알 수 있다. 즉 다음과 같은 조건들이 충족될 때에만 우리는 그의 관찰 결과를 믿을 수 있는 것이다.

- 그는 정상적인 관찰 환경에서 관찰했다.
- 그는 이성적으로 판단할 수 있다.
- 그는 거짓말을 하지 않는다.
- 그는 편견이 없다.
- 그의 말은 내가 알고 있는 다른 지식과 충돌하지 않는다.

또한 우리는 일반적으로 전문가의 의견에 더 높은 신뢰를 갖는다. 전문적인 의견을 판단할 능력이 부족할 때는, 그 의견의 출처를 확인하는 것이 신뢰성을 따져 보는 좋은 방법일 수 있다. 그러나 출처는 신뢰성을 평가하기 위한 간접적인 근거일 뿐이어서, 출처만으로 어떤 의견을 성급하게 신뢰하거나 불신하는 것은 위험할 수 있다. 따라서 어떤 사람이 제시하는 전문적 의견에 대해 우리는 몇 가지 질문을 던져 보아야 한다.

- 그 의견을 제시한 사람이 해당 분야의 전문가인가?
- 그 사람은 그 의견과 이해관계가 없는가?
- 그 사람의 학문적 경력과 관련 활동은 어떠한가?

물론 이런 질문에 대해 부정적인 답변이 나온다고 해서 그 의견이 반드시 잘못된 것은 아니다. 다만 이런 경우에는, 그의 의견을 다른 측면이나 차원에서 검증할 때까지 신중하게 받아들여야 할 필요가 있다.

이처럼 우리는 주어진 논증에 대해 다양한 관점에서 따져 보아야 한다. 주장, 이유, 근거 등의 내용이 타당하고 합리적인지, 그 출처가 믿을 만한지 등을 고려해야 한다.

💬 효과적인 논증 방법*에는 어떤 것들이 있을까?

'전제가 참이면 결론도 항상 참인 논증' 만들기

수학에서는, 특정 원리를 받아들이고 그에 따라 구체적인 숫자를 적용하여 계산을 제대로 수행하면 최종적으로 도출되는 답은 반드시 옳다. 논증에서도 이와 유사한 방식이 존재한다.

연역 논증은 '전제가 참이라면 결론도 반드시 참인 논증'이다. 왜냐하면 결론이 이미 전제에 포함되어 있기 때문이다. 따라서 연역 논증에서는 전제를 벗어난 새로운 결론을 얻을 수 없다. 그러나 연역 논증을 무시해서는 안 된다. 연역 논증을 통해 우리는 전제들 사이에 숨겨진 의미를 명확하게 이해할 수 있기 때문이다. 수학이 바로 그 예이다.

> ★ **논증 방법**
> 전제로부터 결론을 도출하는 방식. '논증 도식(argumentative scheme)'이라고도 한다. 주요 논증 방법으로는 연역 논증(전제가 참이면 결론도 반드시 참인 논증), 귀납 논증(전제가 결론을 개연적으로 뒷받침하는 논증), 유추 논증(두 사물이나 사건의 유사성을 근거로 주장을 강화하는 논증) 등이 있다.

연역 논증은 두 가지 조건을 만족해야 한다. 첫 번째는 '전제들이 모두 참이면 결론도 반드시 참이어야 한다.'는 것이다. 이 조건을 충족하는 논증을 '타당한 연역 논증'이라고 한다. 두 번째는 '전제가 실제로 참이어야 한다.'는 것이다. 전제와 결론이 타당하게 연결되어 있고 전제가 실제로 참일 때 '건전한 연역 논증'이라고 하며, 전제가 실제로 거짓일 때는 '타당하지만 건전하지 않은 연역 논증'이라고 한다.

---

① ・ 1기압에서 물이 끓기 시작하면, 그 물의 온도는 섭씨 100도에 도달한 것이다.
  ・ 1기압에서 물이 끓기 시작했다.
  ・ 따라서 이 물의 온도는 섭씨 100도에 도달한 것이다.

Class 1.   논증의 본질

② · 뇌가 죽으면 심장도 멈춘다.
· 이 사람은 심장이 뛰고 있다.
· 따라서 이 사람의 뇌는 아직 살아 있음을 알 수 있다.

---

①은 타당하면서도 건전한 연역 논증이다. 반면 ②는 타당하지만 건전하지 않은 연역 논증이다. ②의 첫 번째 전제인 "뇌가 죽으면 심장도 멈춘다."가 거짓이기 때문이다. 뇌가 죽어도 심장은 여전히 뛸 수 있다. 심장사와 뇌사는 일반적으로 다른 상태로 인식된다. 최근에는 뇌사 후에 심장을 인공적으로 유지할 수 있는 기술도 개발되고 있다.

타당한 연역 논증을 반박할 때에는, 그 논증의 전제가 참이 아님을 입증하여 그 연역 논증이 건전하지 않음을 보이거나, 또는 논증의 전제가 결론을 반드시 지지하지 않는다는 것을 증명하여 그 논증이 타당하지 않음을 보이면 된다.

---

③ · 모든 남자는 여자보다 힘이 세다.
· 민수는 남자고 연희는 여자이다.
· 따라서 민수는 연희보다 힘이 세다.

④ • 휴대폰을 자주 오래 사용하면 공부할 시간이 줄어든다.
  • 나는 휴대폰을 자주 오래 사용하지 않는다.
  • 그러므로 나는 공부할 시간이 줄어들지 않을 것이다.

---

③에서는 "모든 남자는 여자보다 힘이 세다."라는 전제가 거짓임을 보임으로써 연역 논증을 반박할 수 있다. 일반적으로 남자가 여자보다 힘이 세다고 말할 수는 있지만, 개별적으로는 남자보다 힘이 센 여자가 분명히 존재하므로 모든 남자가 모든 여자보다 힘이 세다고 일반화할 수는 없다.

④에서는 전제가 결론을 반드시 지지하는 것은 아님을 보임으로써 연역 논증을 반박할 수 있다. 두 전제가 모두 참이라 할지라도, 결론은 반드시 참이 아닐 수 있다. 예를 들어 휴대폰을 자주 오래 사용하지 않지만 TV를 보거나 컴퓨터 게임을 많이 하는 경우, 또는 시간을 멍하니 보내거나 사교 활동에 많은 시간을 할애한다면 공부할 시간은 줄어들 수 있다.

연역 논증에서 발생하는 오류의 대표적인 예로 '잘못된 이분법의 사용'을 들 수 있다. 잘못된 이분법을 사용한 논증은 전제가 잘못되었음에도 불구하고 우리가 잘 속는 논증이다. 이런 논증은 다른 선택지가 있는데도 없는 것처럼 선택지를 제한하고 나서 주어진 것 중 하나를 선택하도록 유도한다.

둘 중 하나를 선택하도록 부당하게 강요하는 경우를 어디서 자주 볼 수 있을까? 바로 정치인들의 발언이다. 양쪽 입장이 첨예하게 대립하는 경우에 특히 더 그러하다. 그들은 의도적으로 상황을 흑백 논리나 이분법적 논리로 재단하여 상대를 비판하는 발언을 자주 한다. 예를 들어, 선거 유세에서 "우리 정책을 지지하지 않는다면, 국민의 안정을 원하지 않는 것입니다."라는 식의 주장은 선택지를 단순화하여 유권자에게 특정 입장을 강요하는 대표적인 사례이다. 이러한 발언은 복잡한 사회 문제를 지나치게 단순화하고, 건설적인 논의를 방해할 수 있다.

흑백 논리나 이분법적 논리는 어린아이들에게서도 자주 목격된다. 예를 들어 두 아이의 엄마가 큰아이에게 "사랑한다."라고 말하면, 작은아이는 엄마가 자신을 사랑하지 않는다고 생각하고 울기도 한다. 이처럼 흑백 논리나 이분법적 논리는 미성숙한 사고방식에서 주로 나타난다.

찬반 양론의 팽팽한 대립으로 어느 한쪽을 지지하기가 어려운 상황에 처할 때, 우리는 흔히 '딜레마에 빠졌다'라고 한다. 이런 딜레마 상황을 극복하기 위한 방법으로 '뿔 사이로 피하기'와 '뿔 꺾기'가 있다.

'뿔 사이로 피하기'는 해당 사안에 접근하는 방법이 찬반양론밖에 없는지 다시 검토하는 것이다. 다른 대안이 존재한다면 찬반의 대립 구도는 바뀔 수 있다. 예를 들면, "너, 한 대 맞고 할래, 그냥 할래?"라는 말은 마치 '한 대 맞고 하는 것'과 '그냥 하는 것' 중에서 하나를 선택할 수밖에 없는 것처럼 보이게 하여 '그냥 할 것'을 강요한다. 하지만 '맞고 안 하거나, 안 맞고 안 하는' 다른 대안이 있을 수 있다.

'뿔 꺾기'는 찬성과 반대 입장 각각의 전제나 논리 구조에 문제가 없는지를 살펴보는 것이다. 이 방법은 각 입장의 전제나 주장이 논리적으로 타당한지, 그리고 그 전제가 결론을 반드시 지지하는지를 분석하는 과정이다. '뿔 꺾기'는 논리적 결함을 찾아내어 딜레마 상황에서 더 강력한 주장을 펼칠 수 있게 돕는다.

예를 들어, 환경 보호를 위해 발전소 건설을 반대하는 입장과 경제 성장을 위해 발전소 건설을 찬성하는 입장이 대립하는 상황에서, 찬성 측이 "경제 발전이 곧 국민의 복지 향상이다."라는 전제를 제시하고, 반대 측이 "환경 보호가 더 중요하다."는 전제를 주장한다고 가정해 보자. 이때 찬성 측 입장에 대해서는 경제 성장 주장이 실제로 국민의 복지 향상과 어떻게 연결되는지 따져 보는 것, 반대 측 입장에 대해서는 환경 보호의 필요성을 넘어서 경제적인 대안을 제시할 수 있는지 따져 보는 것이 바로 '뿔 꺾기'이다. 이를 통해 양측 모두의 논리를 점검하고, 각 입장에 숨겨진 문제점을 드러낼 수 있다.

여러 사례를 바탕으로 개연성 있는 논증 만들기

과학은 관찰이나 실험을 바탕으로 이미 우리가 알고 있는 지식을 넘어서는 새로운 지식을 창출한다. 어떤 일이 과거에 자주 반복되면, 우리는 미래에도 그 일이 반복될 것이라고 예상하고 기대한다. 과거와 미래 사이에 일정한 연관성이 있다고 믿는 것이다. 그러나 과학적 활동의 결과로 얻어진 지식이 항상 참인 것은 아니다.

논증에도 이와 유사한 방식이 있다. 전제들이 결론을 뒷받침하지만 그 결론이 100% 확실하다고 보장하지는 못하고 단지 개연적으로만 뒷받침하는 논증이 그것이다. 이러한 유형의 논증을 **귀납 논증**이라고 한다.

귀납 논증에서는 전제가 참이어도 결론이 거짓일 수 있다. 귀납 논증의 결론이 전제의 범위에서 벗어나 있기 때문이다. 그렇다고 해서 귀납 논증이 설득력이 없다는 것을 의미하지는 않는다. 많은 경우에 귀납 논증을 통해 미지의 사실이나 미래에 대해 성공적으로 예측할 수 있다. 이를 통해 우리는 지식의 범위를 확장시킬 수 있다. 그러나 결론이 참인지 여부는 여전히 논란의 여지가 있다.

귀납 논증은 전제가 결론을 뒷받침하는 정도에 따라 결론이 참일 개연성이 높아질 수도 있고 낮아질 수도 있다. 개연성이 매우 높을 때 그 논증을 '강한 귀납 논증'이라 하며, 약간 높을 때는 '약한 귀납 논증'이라고 한다. 그러나 많은 경우 귀납 논증이 강한지 약한지 평가하는 기준은 모호하고 상대적이다.

귀납 논증의 강도를 평가하기 위해서는 관찰된 사례의 수가 많은가, 사례가 다양한가, 전제에서 언급된 사례가 대표성을 갖는가, 전제와 결론의 사례들 사이의 유사성이 큰가 등을 고려해야 한다. 또한 전제가 실제로 참인지 여부에 따라 '귀납적으로 건전한 논증'과 '귀납적으로 건전하지 않은 논증'으로 구분할 수 있다.

---

⑤ ・ 현재까지 발견된 모든 까마귀는 검은색이다.
　・ 따라서 모든 까마귀의 색깔이 검다고 할 수 있다.

⑥ · 모차르트는 일생 동안 여러 건강 문제를 겪었다.
  · 니체는 심리적 문제로 몇 년간 병원에 입원했다.
  · 고흐는 정신적, 신체적 건강 문제를 겪고 자해를 시도하기도 했다.
  · 이들은 모두 천재이다.
  · 천재는 모두 건강이 좋지 않다.

---

⑤는 전제가 참이라면 결론이 참일 개연성이 매우 높은 강한 귀납 논증이다. 그 추론이 상당히 타당하므로 강한 귀납 논증이며, 동시에 전제가 참인 건전한 논증이라 할 수 있다.

반면 ⑥은 전제들이 모두 사실이라도 결론이 참일 가능성이 낮은 '타당하지 않은' 논증이다. 사례의 수가 적음에도 성급하게 일반화하였기에 받아들이기가 어렵다. 건강하게 살다가 생을 마감한 천재로 아인슈타인, 레오나르도 다 빈치, 피카소 등 많은 사례가 있다.

귀납 논증을 반박할 때는, 논증의 전제가 참이 아니라는 것을 증명하여 그 논증이 건전하지 않음을 보이거나, 전제와 결론 사이의 지지 관계가 충분히 긴밀하지 않음을 입증함으로써 그 논증이 타당하지 않음을 보이면 된다.

---

⑦ • 현재 가장 높은 건물은 롯데월드타워이다.

 • 롯데월드타워는 555미터이다.

 • 이는 현대의 건축 기술로는 555미터보다 더 높은 건물을 지을 수 없다는 것을 의미한다.

⑧ • 사람들이 키우는 반려동물인 고양이는 산책을 시키지 않아도 스트레스를 받지 않는다.

 • 개도 사람들이 키우는 반려동물이다.

 • 따라서 개도 산책을 시키지 않아도 스트레스를 받지 않을 것이다.

---

⑦에서는 "현재 가장 높은 건물은 롯데월드타워이다."라는 전제가 거짓임을 보임으로써 귀납 논증을 반박할 수 있다. 롯데월드타워가 우리나라에서 가장 높은 건물이기는 하지만, 해외에는 이보다 더 높은 건물이 존재한다. 실제로 전 세계에서 가장 높은 건물은 아랍에미리트 두바이의 부르즈 할리파로, 그 높이가 828미터에 달한다.

⑧에서는 앞 두 문장(전제)과 마지막 문장(결론) 사이의

지지 관계가 충분히 긴밀하지 않음을 보임으로써 귀납 논증을 반박할 수 있다. 개와 고양이는 사람들이 키우는 반려동물이라는 공통점이 있지만, 두 동물 간에는 상당한 속성적 차이가 있다. 따라서 고양이가 산책을 시키지 않아도 스트레스를 받지 않는다고 해서 개에게도 유사한 결과가 있을 것이라고 추론하기에는 그 근거가 부족하다.

귀납 논증에서는 전제가 결론을 지지하는 개연성이 낮음에도 불구하고 결론을 세우려고 할 때 오류를 범할 수 있다. 대표적인 것이 '성급한 일반화의 오류'이다. 이는 특수하거나 (예외적이거나) 너무 적은 사례를 일반화하여 명제를 도출하는 것을 말한다. 한 명의 부패한 정치인이 체포되었다고 해서 모든 정치인이 부패했다고 생각하거나, 자신이 만난 두 명의 외국인이 친절했다고 해서 모든 외국인이 다 친절할 것이라고 예상하는 것은 성급한 일반화의 오류에 해당한다.

두 사례의 유사성을 바탕으로 결론을 이끌어 내는 논증 만들기

귀납 논증의 특수한 사례 가운데 하나로 **유추 논증**을 들 수 있다. 특정한 사물(또는 대상)의 특성을 다른 사물(또는 대상)의 특성과 비교하여 그 유사성을 드러내는 것을 '유비^{類比}'라 한다. '유비 추론'은 두 사물이나 사건의 속성이 유사하다는 사실에 근거하여 그들의 다른 속성도 동일할 것이라는 결론을 도출하는 것이다. 유비 추론은 흔히 줄여서 '유추^{類推}'라고 한다.

유추는 이해하기 쉬운 사물이나 사건에 견주기 때문에 논증하려는 내용을 상대방에게 효과적으로 전달할 수 있다. 예를 들어 대통령을 '배의 선장'으로 비유함으로써 국가를 이끄는 지도자로서의 역할과 책무를 효과적으로 드러낼 수 있다. 이처럼 유추는 심리적으로 호소력이 높기 때문에 일상 대화에서 자주 사용된다.

유추는 전제가 참이라도 결론이 반드시 참이라 단언할 수는 없고 단지 참일 개연성만 갖는 귀납 논증의 일종이다. 화성의 기후 조건이 지구와 유사하다는 점을 근거로 화성에도 생명체가 존재할 것이라고 예상하는 것이 바로 유추의 사례이다. 그러나 전제가 참이라고 하여 결론이 반드시 참이라는 보장은 성립하지 않는다. 이처럼 유추는 결론을 이끌어 내는 논증의 강도가 다른 귀납 논증보다 약한 편이다.

물론 두 대상 사이에 공통된 속성이 많을수록 결론이 참이 될 개연성이 높아질 수 있다. 하지만 공통된 속성이 있다고 해도 그것이 결론과 직접적으로 연관이 있어야 올바른 유추 논증이 될 수 있다. 예를 들어 나와 내 친구가 같은 학교를 다니고, 같은 종류의 운동화를 신고, 좋아하는 연예인이 똑같다고 해서 중간고사에서 같은 점수를 받을 것으로 추론하는 것은 적절하지 않다. 시험 성적과 다른 공통점들 사이에는 어떤 연관성도 찾을 수 없기 때문이다.

66 논증에서 따져 보아야 할 쟁점들

합리적인 의사 결정과 문제 해결을 위한 논증을 할 때 반드시 고려해야 할 중요한 사안들이 있는데, 이를 **필수 쟁점**★이라고 한다. 필수 쟁점은 토론을 포함하여 제도나 정책의 변화를 주장하는 논증 과정에서 반드시 언급되어야 하는 것이기도 하다. 필수 쟁점은 크게 '문제 쟁점', '해결 방안 쟁점', '이익과 비용 쟁점'으로 구성된다.

> ★ **필수 쟁점**
> 합리적인 의사 결정과 문제 해결을 위해 반드시 고려해야 하는 핵심 쟁점. 이는 현재 상태에 변화가 필요한지 판단하는 '문제 쟁점', 주장하는 변화가 문제 해결에 실질적으로 도움이 되는지 검토하는 '해결 방안 쟁점', 변화가 초래할 긍정적·부정적 영향을 따지는 '이익과 비용 쟁점'으로 나뉜다. 변화를 지지하는 측과 반대하는 측은 각 쟁점에 대해 상반된 주장을 펼친다.

'문제 쟁점'은 현재 상태에 변화가 필요한지 여부에 대한 서로 다른 주장을 포함한다.

변화를 지지하는 쪽에서는 현재 상태에 문제가 있다고 주장하며, 이 문제가 매우 중요하고 시급한 것임을 강조한다. 또한 현재 상태를 유지하면 문제가 자연히 해결되지 않고, 공동체에 더욱 큰 부정적 영향을 미칠 수 있다고 말한다.

반면 변화에 반대하는 쪽에서는 변화를 지지하는 쪽이 주장하는 문제의 심각성, 중대성, 시급성이 크지 않다고 강조한다. 또한 변화를 지지하는 쪽에서 가정하는 개념이나 전제를 분석하고, 필요한 경우 대체 정의를 제시하여 논증의 구도를 자신에게 유리한 방향으로 유도하기도 한다.

	'문제 쟁점'의 주요 논거
로봇세 도입을 지지하는 입장	로봇으로 인해 일자리를 잃는 사람들이 증가하고 있으며, 일부 사람들이 로봇 기술로 인한 소득을 독점할 수 있다.
로봇세 도입에 반대하는 입장	로봇으로 인한 문제가 심각하지 않고, 로봇 기술이 우리 생활에 점차 적응됨에 따라 문제가 자연스럽게 해결될 것이므로 시급한 조치가 필요하지 않다.

'문제 쟁점'의 주요 논거 사례

'해결 방안 쟁점'은 주장하는 변화가 실제로 문제 해결에 도움이 되는지에 대한 서로 다른 견해를 논의하는 것이다.

변화를 지지하는 쪽에서는 제시된 해결 방안이 문제를 해결할 수 있고 실현 가능하다는 점을 입증해야 한다. 실현 가능성을 평가할 때는 인력, 예산 등의 자원 문제와 법률, 관습 등의 제도적 문제, 구성원 합의 등의 사회적 인식 등을 종합적으로 고려해야 한다. 이러한 조건들이 충족되지 않으면 어떤 좋은 해결 방안도 실제로 실행되기 어렵기 때문이다.

변화에 반대하는 쪽에서는 변화를 지지하는 쪽에서 제시한 해결 방안으로는 실제로 문제를 해결하기 어렵거나, 실현 가능성이 낮음을 논증한다.

	'해결 방안 쟁점'의 주요 논거
로봇세 도입을 지지하는 입장	로봇세를 도입하면, 그 세금으로 일자리를 잃은 사람들이 재교육을 받고 새로운 일자리를 찾는 데 도움을 줄 수 있으며, 소득의 집중을 막고 소득을 재분배할 수 있다.
로봇세 도입에 반대하는 입장	로봇세 도입은 로봇으로 인한 일자리 문제나 경제적 불균형을 근본적으로 해결하지 못하며, 법적·경제적 기준 설정과 전 세계적 합의 부족으로 실현 가능성도 낮다.

'해결 방안 쟁점'의 주요 논거 사례

'이익과 비용 쟁점'에서는 주장하는 변화가 가져올 긍정적·부정적 영향에 대한 서로 다른 예측을 포함한다.

변화를 지지하는 쪽에서는 해결 방안이 실행될 경우 비용이 발생하거나 부작용이 있을 수 있지만, 현 상태의 문제가 개선되어 궁극적으로 더 큰 이익을 가져올 것임을 입증해야 한다.

반면 변화에 반대하는 쪽에서는 해결 방안이 문제를 어느 정도 개선할 수 있지만, 그로 인해 발생할 비용이나 부작용이 더 클 것이라고 주장하여 반박한다.

	'이익과 비용 쟁점'의 주요 논거
로봇세 도입을 지지하는 입장	로봇세를 도입함으로써 인간과 로봇이 함께 살아갈 수 있고, 국민의 복지를 증진시킬 수 있다. (로봇세 도입의 이익이 비용보다 크다.)
로봇세 도입에 반대하는 입장	로봇세 도입은 산업 발전과 국가의 미래 경쟁력에 부정적 영향을 미칠 수 있다. (로봇세 도입의 비용이 이익보다 크다.)

'이익과 비용 쟁점'의 주요 논거 사례

세 가지 필수 쟁점을 파악한 다음에는 각 쟁점에 맞추어 논증을 구성해야 한다. 주장도 중요하지만 이를 뒷받침해 주는 논거도 못지않게 중요하다.

Class 2.

다양한 상황에서의 논증

논증,
어떻게 하면 잘할까?

설득을 위한 글쓰기에서의 논증

❝ 논증을 시작하기 위해 문제를 어떻게 정의해야 할까?

논증적 글쓰기는 보통 다음과 같은 절차로 시작된다. 먼저 문제가 되는 현상을 명확히 규정해야 한다. 예를 들어 "학생들의 학업 성취도가 낮아지고 있다."라는 현상을 문제로 설정한다. 그런 다음, 이 문제를 설명할 수 있는 개연성이 높은 가설(전제)을 제시한다. 예를 들어 "과중한 학업 부담으로 인해 학생들의 학습 동기와 집중력이 떨어졌다."와 같은 가설을 세울 수 있다. 이 가설을 바탕으로 학생들이 학습에 집중하지 못하고 성적이 떨어지는 이유가 학업 부담 때문이라는 결론을 도출할 수 있다.

다음으로 이 결론이 옳은지 확인하기 위해, 자신이 제시한 결론을 지지하는 이유, 근거뿐 아니라 불일치하는 이유, 근거도 함께 검토가 필요하다. 예를 들어 "학생들의 학업 성취도가 낮아진 이유가 꼭 학업 부담 때문만은 아니다."라는 연구 결과가 있다면, 이에 대해서도 충분히 고려해야 한다. 불일치하는 이유, 근거가 있다면, 보조 가설을 추가하거나 기존 가설을 수정해야 한다. 예를 들어 "학업 부담뿐 아니라 학습 방법에 대한 이해 부족도 성적에 영향을 미친다."라는 보조 가설을 도입할 수 있다.

새로 도입한 보조 가설을 통해 결론을 재검토하고, 결론을 지지하는 새로운 이유, 근거가 있으면 결론의 개연성이 높아진다. 이때 대안적인 결론도 함께 고려하여 결론을 재정립할 수 있다. 예를 들어 "학습 방법에 대한 이해 부족이 더 중요한 문제일 수 있다."라는 대안을 생각해 볼 수 있다.

논증을 할 때는 중요한 이유와 근거부터 나열해야 한다. 여기서 중요하다는 것은 결론을 도출하는 데 가장 큰 기여를 한다는 의미이다. 가장 큰 영향을 미치는 이유와 근거를 먼저 제시해야 반대 입장에 흔들리지 않을 수 있다. 중요하지 않은 이유와 근거는 아무리 많이 제시해도 독자를 설득하는 데 결정적인 역할을 하지 못한다. 또한 가장 강력한 반박을 대비하여 논증을 준비할수록 설득에 성공할 확률이 높아진다.

66 나의 결론을 지지하는 게 나을까, 남의 결론을 반박하는 게 나을까?

다른 논증이 부당함을 증명하는 방법으로 나의 논증을 전개하는 경우도 있다. 논증에서 '타당하다'라는 것은 전제로부터 결론이 반드시 도출된다는 의미이고, '부당하다'라는 것은 전제로부터 결론이 반드시 도출되는 것은 아니라는 의미이다. **반대 사례법**이라고도 부르는 이 방법은 나와는 반대되는 견해의 논증이 부당하다는 것을 구체적인 예, 즉 반례反例를 통해 증명하는 것이다. 누구나 옳다고 인정하는 전제로부터 잘못된 결론이 나오는 예를 보여 줌으로써 논증의 부당함을 증명하는 것이다.

반대 사례법은 마치 건물의 기초가 얼마나 부실한지 점

검하는 과정과 같다. 예를 들어 어떤 사람이 "지속적인 운동은 건강에 좋다."라고 주장한다고 하자. 이 주장에 반대하는 사람은 운동이 건강에 미치는 부정적인 영향을 다룬 사례들을 제시하여, 이 주장이 전적으로 옳은 것은 아님을 드러낼 수 있다. 예를 들어 과도한 운동으로 인한 부상 사례나 운동 중 발생하는 심혈관 문제를 들면서, 주장의 근거를 약화시키고 주장이 얼마나 불완전한지 보여 주는 것이다. 이렇게 반대 사례법을 사용하면 주장을 뒷받침하는 근거들을 하나씩 제거하여 그 허술함을 강조할 수 있다.

그런데 반대 사례법으로는 어떤 글의 부실함은 증명할 수 있지만, 그 글이 얼마나 튼튼한지 즉 논증이 타당한지는 증명할 수 없다. 따라서 이 방법은 소극적이고 간접적인 논증 방식이라 할 수 있다.

반대 입장에 대해 반박하는 것만으로 자신의 주장을 충분히 옹호할 수 없는 또 다른 이유는, 자신의 주장도 틀릴 수 있기 때문이다. 따라서 자신의 주장을 뒷받침하는 이유와 근거를 중요한 순서대로 튼튼하게 제시할 필요가 있다. 상대방의 예상 반론을 고려하며 자신의 이유와 근거를 방어한다고 생각하면 보다 효과적으로 자신의 입장을 옹호할 수 있을 것이다.

문제의 원인을 어디에서 찾아야 할까?

역사적으로 인간은 많은 호기심을 갖고 살아왔다. 예컨대 왜 비가 내리지 않는지, 왜 큰비가 내리는지, 왜 산불이 나는지, 왜 지진이 나는지 등과 같은 질문을 했다. 이는 곧 문제의 원인을 찾고자 하는 것이었고, 그 덕분에 과학이 발전되어 많은 문제를 해결할 수 있었다.

이렇듯 문제의 원인을 찾는 것은 문제 해결에 매우 중요하다. 원인을 제대로 파악해야 문제에 대한 정확하고 확실한 해결책이나 대안을 제시할 수 있기 때문이다. 인과 관계를 통해 현재 상황을 설명할 수 있고, 이를 바탕으로 미래를 예측할 수 있다. 이것이 인과 관계의 중요성이다.

현재 상황에 대한 설명	미래에 대한 예측
• 사건 B는 사건 A의 결과이다. • 사건 B가 일어났다. • 그러므로 사건 A가 일어났었다.	• 사건 A는 사건 B의 원인이다. • 사건 A가 일어났다. • 그러므로 사건 B가 일어날 것이다.
• 살이 찌는 것은 열량 과다 섭취의 결과이다. • 민주는 살이 쪘다. • 그러므로 민주는 열량을 과다 섭취했을 것이다.	• 열량 과다 섭취는 살이 찌는 것의 원인이다. • 민주는 열량을 과다 섭취하였다. • 그러므로 민주는 살이 찔 것이다.

인과 관계를 기반으로 한 논증의 목적과 예시

 그런데 일상에서 원인과 결과가 단순히 일대일로 대응되는 경우는 많지 않다. 한 가지 원인이 여러 결과를 초래하기도 하고, 여러 가지 원인이 함께 작용하여 하나의 결과를 초래하기도 한다. 또한 원인과 결과가 서로 영향을 주고받아 순환되는 관계를 이루기도 한다. 이런 복잡한 상황에서는 관련 요소들을 철저히 분석하고, 각 요소들 사이의 상호 작용을 잘 이해해야 한다.

 하나의 사건은 시간적으로 연속된 사건들 중 하나의 연결 고리이다. 이 말은 연쇄를 이루는 각 고리가 모두 원인 또는 결과가 될 수 있음을 의미한다. 한 논증의 결론이 다음 논증의 전제로 사용될 수도 있다. 어떤 행위나 사건이 일어나게

된 원인들 중에서 최종 결과와 가장 가까운 원인을 '직접 원인'이라고 하고, 어떤 행위나 사건이 발생한 시작점이 된 원인을 '근본 원인'이라고 한다.

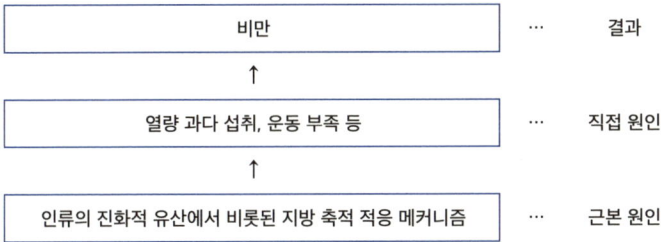

인과 관계를 기반으로 한 논증에서는 일반적으로 직접 원인과 근본 원인을 구분하여 다룬다. 예컨대 비만은 열량 과다 섭취, 운동 부족 등의 '직접 원인'과, 인류의 진화적 유산에서 비롯된 지방 축적 적응 메커니즘이라는 '근본 원인'이 함께 작용하여 발생한 결과라고 볼 수 있다. 많은 경우 직접 원인과 근본 원인에 대한 설명이 서로 어우러져 보완적 관계로 제시될 때 문제를 이해하고 해결하는 데 도움이 되지만, 상황과 목적에 따라서는 어느 한쪽을 중심으로 설명하는 것이 더 유용할 수도 있다.

가령 살이 쪄서 고민하는 친구를 돕고자 할 때는, 비만의 직접 원인을 밝힘으로써 실질적인 해결책을 제시할 수도 있고, 비만의 근본 원인을 이야기해 줌으로써 심리적으로 위로할 수도 있다. 비만이 게으름의 결과라고 비난하는 사람에게 충고할 때는, 근본 원인에 주목함으로써 비만이 단순히 게으름이나 습관과 같은 개인의 문제가 아니라 인류의 진화적 유산으로서 모두가 해결해야 할 사회적 문제임을 인식시킬 수 있다. 비만 인구의 증가에 대한 해결책을 마련하고자 할 때는, 구체적인 극복 방법을 제시하는 데는 비만의 직접 원인에 주목하는 것이 유익하며, 비만에 대한 사회적 정책 수립을 촉구하는 데는 근본 원인을 밝히는 것이 도움이 될 수 있다.

원인과 결과는 시간의 흐름에 따른 상태 변화와 밀접하게 연관되기 때문에 어느 시점을 기준으로 하느냐에 따라 원인이 결과가 되기도 하고, 결과가 원인이 되기도 한다. 예를 들어 비만은 열량 과다 섭취, 운동 부족, 그리고 인류의 진화적 유산의 결과이면서, 동시에 심혈관계 질병 발생의 원인이 된다. 인과 관계의 연쇄 속에서 직접 원인과 근본 원인을 찾아 이해함으로써 문제를 면밀히 분석하고 해결책을 마련할 수 있을 것이다.

원인과 결과를 정확히 구분하지 않으면 논증을 통해 도

출되는 해결 방안의 설득력이 떨어질 수 있다. 인과 관계와 상관관계를 혼동하는 것이 그 예이다. 인과 관계는 한 현상이 다른 현상을 일으키는 관계로, 한 현상이 원인이 되고 다른 현상이 결과가 된다. 반면, 상관관계는 두 현상이 함께 변화하는 관계로, 한 현상이 다른 현상의 원인이라고 할 수 없다. 상관관계는 공통된 원인으로 인해 서로 다른 결과들이 나타날 때 발생한다. 예를 들어 천둥과 번개는 '대기 중 방전 현상'이라는 같은 원인에서 발생하지만, 하나가 다른 하나의 결과라고 볼 수는 없다.

시간적 선후 관계를 인과 관계로 잘못 이해하는 오류에 주의해야 한다. 인과 관계에서 원인은 결과보다 시간적으로 앞서 발생하지만, 시간적으로 먼저 일어난 사건이 반드시 뒤이은 사건의 원인이라고 단정할 수는 없다. 예를 들어 어떤 축구팀이 경기 시작 전에 새로 산 유니폼을 입었다고 해서, 그날 경기에서 패배한 이유를 유니폼 때문이라고 볼 수는 없다. 단순히 시간적으로 선행했다는 이유만으로 이를 원인으로 간주하는 것은 잘못된 추론이다.

인과적 설명과 목적론적 설명을 혼동하지 않는 것도 중요하다. 어떤 결정이 바람직한지 아닌지는 그 결정이 어떤 동기나 목적으로 이루어졌는지, 그리고 그 결정이 어떤 결과를 가져왔는지에 따라 판단될 수 있다. 동기나 목적이 부정적이라면 그 결정은 바람직하지 않다. 반면 동기나 목적이 순수하더라도, 결과가 부적절하다면 그 결정 역시 바람직하다고 볼 수 없다. 이 두 설명 방식에서 '왜'라는 질문에 대한 대답의 성격은 형식적으로든 내용적으로든 서로 다르게 나타날 수 있다.

- 왜 지구는 태양의 둘레를 돌까? – 지구와 태양의 인력 관계 때문에
- 왜 일본은 독도를 자기 땅이라고 우길까? – 경제적 이익이 걸려 있기 때문에

첫 번째 문장은 인과적 설명에 해당한다. 이 경우 '왜'라는 질문에 대한 대답은 '…때문에'의 형식으로 나타난다. 반면 두 번째 문장은 목적론적 설명에 해당한다. 이 경우 '왜'라는 질문에 대한 대답은 '…를 위하여'의 형식으로 나타난다.

💬 이성적 소구냐, 감성적 소구냐?

논증을 할 때에는 적절한 소구를 사용해야 한다. **소구**訴求, appeal란 청자나 독자의 관심을 끌고 마음을 움직이게 하는 힘을 가리킨다. 소구는 크게 논리적으로 설명하는 '이성적 소구'와 감정에 호소하는 '감성적 소구'로 나눌 수 있다. 예를 들어, 다음과 같이 하나의 사안에 대한 찬반 논증에서도 '이성적 소구'와 '감성적 소구' 중 어느 것으로 접근하느냐에 따라 그 이유나 근거가 달라진다.

	사형제 폐지	사형제 유지
이성적 소구	• 인간의 기본적인 생명권을 침해한다. • 잘못된 판단의 가능성이 있다. • 범죄 예방 효과가 없다.	• 범죄 예방 효과가 있다. • 피해자의 인권과 생명의 존엄성을 존중해야 한다.
감성적 소구	• 사형 선고 후 사형수가 겪는 고통이 크다. • 사형을 집행하는 교도관들도 고통을 겪고 있다.	• 피해자 가족의 고통과 분노를 고려해야 한다. • 우리 주변 사람들도 잔인한 범죄의 피해를 입을 수 있다.

사형제 폐지와 유지 주장의 이성적, 감성적 소구 활용 사례

이성적 소구와 감성적 소구는 상황에 따라 효과가 다르다. 예를 들어 어린아이에게 우유의 장점을 설명할 때는, 우유의 영양 성분이나 인체에 미치는 효과를 설명하는 이성적 소구보다도, 건강하고 예쁜 사진을 보여 주면서 우유를 마시면 좋은 결과를 얻을 수 있다는 식의 감성적 소구가 더 효과적이다. 반면 기업 대 기업의 협상 테이블에서 상대에게 조건을 설득할 때는 구체적인 장단점을 논리적으로 설명하는 것이 효과적이다. 또한 선거에서 유권자에게 표를 호소할 때는 공약의 우수성을 조목조목 설명하는 이성적 소구와 후보자의 인간적인 면모를 강조하는 감성적 소구를 병행하는 것이 효과적이다.

감성적 소구는 개념을 정의할 때도 활용된다. 정의는 보통 객관적이고 중립적으로 내리는 것이 일반적이다. 그러나 때로는 청자나 독자에게 특정 태도를 유도하기 위해 주관적 감정이 반영된 정의를 사용하기도 한다. 예컨대, '보수주의자'를 정의할 때 "조직이나 제도 개혁에 신중을 기하는 사람"이라고 할 수도 있고, "기득권 유지를 위해 변화에 부정적인 사람"이라고 할 수도 있다.

정의와 관련해서 한 가지 더 알아 두어야 할 것은 '은밀한 재정의의 오류'이다. 이는 논증을 구성할 때 일반적으로 받아들여지는 객관적이고 일반적인 정의 대신 개인의 주관적이고 특수한 정의를 사용함으로써 발생하는 오류를 의미한다.

> A: 김 선생님은 담당 교과에 대한 전문 지식과 역량을 갖추고 있고, 학생들에게 학습에 대한 열정과 호기심을 불러일으키기 때문에 좋은 교사라 할 수 있어요.
> B: 아니요, 김 선생님은 선배 교사들과의 모임에 잘 참여하지 않기 때문에 좋은 교사라 할 수 없습니다.

위 두 예문은 '좋은 교사'라는 정의가 어떻게 달라질 수 있는지를 보여 준다. 두 정의는 주관적이고 특정한 기준을 바탕으로 이루어져 있으며, 일반적으로 받아들여지는 '좋은 교사'의 정의와 차이가 있을 수 있다. 따라서 두 예문은 개인적인 기준이나 관점에 따른 정의를 사용하고 있어, '은밀한 재정의의 오류'가 발생할 가능성을 내포하고 있다.

감성적으로 호소하여 결론을 받아들이게 하는 것이 항상 잘못된 것은 아니다. 감성적 소구가 이성적 소구와 함께 사용되어 서로 보완하고, 다른 고려 사항들을 방해하지 않는다면 문제가 되지 않는다.

66 논증 구조에 맞는 글쓰기, 어떻게 해야 할까?

논증적 글쓰기는 일반적으로 다음과 같은 순서로 진행된다.

• 문제 제시 • 해결책(주장)에 대한 진술	① 도입
• 해결책을 지지하는 이유와 근거 제시 • 예상 반론에 대한 답변	②~③ 전개
• 요약 및 제언	④ 정리

'도입(처음)' 부분에서는 자신이 다룰 문제를 소개하고 이에 대한 자신의 견해를 밝힌다(①). 이어서 '전개(가운데)' 부분

에서는 자신의 견해를 뒷받침할 근거를 제시하며(②), 예상되는 반론을 검토하고 이에 대한 답변을 제시한다(③). 마지막으로 '정리(끝)' 부분에서는 논의를 요약, 정리하거나 나아갈 방향을 제시하면서 글을 맺는다(④). ①~④ 각 항목이 반드시 한 문단씩으로만 구성되어야 하는 것은 아니다. 때로는 여러 항목이 결합되어 하나의 문단을 이루기도 하고, 한 항목이 여러 문단으로 나누어질 수도 있다.

예를 들어 '동물권 인정'에 대한 자신의 생각을 논증하는 한 문단의 글을 쓴다고 가정해 보자. 이 경우 다음과 같은 순서를 따를 수 있다.

---

(1) '동물권'이라는 용어를 사용하여 적절한 배경 설명을 두세 문장으로 작성한다.

(2) 쟁점에 대한 자신의 주장을 한 문장으로 작성하고, 이를 따르지 않았을 때 발생할 수 있는 결과에 대해 설명한다.

(3) 주장을 뒷받침하는 이유와 근거를 중요한 순서대로 두세 가지 찾아 각각 한 문장으로 작성한다.

(4) 숨은 전제가 있으면 적는다(자명한 경우에는 명시적으로 제시하지 않아도 된다).

(5) 독자가 제기할 수 있는 예상 반론을 적고, 이를 논리적으로 반박한다.

(6) 예상 반론과 관련하여 자신의 대안을 적고, 이를 수용할 경우의 이점을 설명한다.

(7) 자신의 주장을 한 문장으로 요약하여 다시 쓴다.

이와 같은 순서 및 지침에 따라 쓴 글은 다소 매끄럽지 않고 형식적일 수 있으나, 주장하려는 내용이 명확하게 전달된다는 장점이 있다.

세부 문제들에 대한 답을, 글을 구성하는 각 문단으로 발전시킬 수도 있다. 세부 문제를 다룰 때에는 전체 글의 주제와 논리적으로 관련되는지를 고려해야 한다. 이는 각 문제를 해결해야 할 순서를 고려하고, 다음으로 어떤 문제를 다룰지 계획하는 것을 의미한다. 또한 세부 문제에 대한 답이 문제 해결의 목적을 달성하기에 충분한지 검토하고, 글에서 반드시 다루어야 할 문제에 대해 만족할 만한 답을 얻을 때까지 문제 해결 과정을 반복해야 한다.

세부 문제에 대한 답은 그들 사이의 관련성에 따라 각각의 논증으로 구성될 수 있다. 한 논증의 결론이 다른 논증의 전제로 사용될 수도 있고, 이는 궁극적으로 글 전체를 관통하는 복잡한 하나의 논증이 될 수도 있다. 만약 하나의 논증으로 정리되지 않는다면, 자연스럽게 각 논증을 연결하는 방법을 고민해야 한다. 최종적으로는 문제에서 해결하고자 했던 원래의 목적이 무엇인지, 그리고 문제를 해결해야 했던 맥락을 고려하여 자신이 제시한 해결책이 목적을 충실히 달성하고 있는지를 평가해야 한다.

글쓰기에서 강조하는 '서론-본론-결론'의 구조는 짧은 글에서 '도입(처음)-전개(가운데)-정리(끝)' 문단들로 대체될 수 있다. 여기서 '정리(끝)'는 자기 생각의 결론을 담는 부분이 아니라 논의를 마무리하는 부분이다. 따라서 자기 생각의 핵심인 결론은 '전개(가운데)'에서 다루어져야 한다. 일반적으로 '정리(끝)' 문단에서는 자신이 다룬 내용을 간결하게 정리하거나, 자신의 주장이 실현되기 위해 필요한 사회적 분위기나 태도를 환기한다.

논증은 문학 장르에서도 중요한 역할을 할 수 있다. 논증은 흔히 문학이 아닌 딱딱한 글에서만 나타난다고 오해되곤 한다. 하지만 견해나 감상을 표현하는 수필 등에서도 하고자 하는 말은 있게 마련이다. 다만 이러한 장르에서는 주장을 뒷받침하는 근거를 직접적으로 제시하는 대신 다양한 간접적인 방식을 통해 주장을 전달하는 것이 일반적이다. 문학에서 논증을 구성할 때는, 개인의 경험을 일반화하는 귀납 논증이나 두 대상 사이의 유사성에 기반한 유비 논증을 주로 사용한다.

예를 들어, 조지 오웰의 『동물농장』은 전체주의의 위험성을 비판하는 논증을 우화적 방식으로 제시한다. 작품 속 동물들은 평등한 사회를 꿈꾸며 혁명을 일으키지만, 점차 돼지 나폴레옹이 권력을 독점하면서 새로운 독재 체제가 형성된다. 이는 역사적으로 반복되어 온 혁명의 실패 사례와 유사성을 가지며, 유비 논증을 통해 권력의 부패 가능성을 강조한다. 또한 동물들의 경험을 통해 '모든 권력은 부패한다'는 일반적인 통찰을 도출하는 과정은 귀납 논증의 특징을 보여 준다. 이러한 간접적인 방식으로 제시된 논증은 독자가 스스로 작품의 의미를 탐색하게 하며, 단순한 우화를 넘어서는 정치적 메시지를 효과적으로 전달한다.

토론에서의 논증

❝ 토론의 목적,
과연 이기는 데 있을까?

토론★은 논증의 구조를 갖춘 말로 다른 사람에게 나의 주장을 설득하는 것이다. 말로 설득하는 행위라는 점에서는 연설이나 변론 등의 설득하는 말하기와 같지만, 토론은 나의 주장과 반대되는 상대방과 실시간으로 상호 작용한다는 특징을 지닌다. 따라서 상대방이 토론에서 어떤 말을 하느냐에 따라 내가 말할 내용이 실시간으로 달라지기 때문에 상대방

> ★ **토론**
> 논증의 구조를 갖춘 말을 통해 자신의 주장을 설득하는 담화. 토론의 유형에는 고전적 토론, 반대 신문식 토론(CEDA), 칼 포퍼식 토론, 의회식 토론, 링컨-더글라스식 토론, 공공 포럼 토론 등이 있으며, 각 유형마다 절차와 규칙이 다르다. 효과적인 토론을 위해서는 입론, 교차 조사, 최종 변론 등에서 청중과 상대방을 논리적으로 설득하는 능력이 중요하다.

의 말을 잘 이해하고 상황에 따라 적절히 대처할 수 있는 순발력이 중요하다.

우리는 일반적으로 토론의 결과를 말할 때 '이겼다' 또는 '졌다'로 표현한다. 토론의 구체적인 장면을 상상할 때에도 토론 주제에 대하여 찬성과 반대 입장이 대결하는 찬반 토론의 구도가 쉽게 떠오를 것이다. 그렇다면 토론의 목적은 과연 나와 입장이 다른 상대방과 싸워서 이기는 것일까?

토론을 뜻하는 영어 'debate'의 어원은 라틴어 'debattuere'이다.

---

debate ← debattuere = de(분리) + battuere(전쟁, 싸움)

즉 토론은 '편을 갈라 싸운다'는 뜻이다.[1] 실제로 토론에서 주고받는 대화는 공격적인 경우가 많으며, 토론 과정에서 감정이 격해져 흥분한 토론 참여자가 상대를 비난하며 서로 감정이 상하는 모습은 학교 현장은 물론 정치인의 토론 현장에서도 흔히 볼 수 있다. 학생들 역시 교실에서 토론할 때 상대 팀을 이기기 위해 전력투구全力投球한다.

중학교 교실 사례를 통해 승부에 집착하는 토론 참여자의 실수를 살펴보자. 프란츠 카프카의 『변신』을 읽고 '벌레가 된 그레고르에 대한 가족들의 태도를 비난할 수 있다'를 논제로 찬성 측과 반대 측이 나뉘어 열띤 독서 토론이 이루어지고 있었다.

소설의 내용을 모르는 독자는 아래 제시한 소설 『변신』의 간략한 줄거리를 참고하자.

단계	줄거리
발단	출장 영업 사원으로 일하던 그레고르 잠자는 어느 날 아침 잠에서 깨어난 침대에서 갑충으로 변해 있는 자신의 모습을 발견한다.
전개	그레고르가 출근하지 않자 회사 지배인이 그의 집을 방문하고, 그레고르의 돈으로 생계를 유지해 온 잠자 씨(아버지), 잠자 부인(어머니), 그레테(여동생)는 그레고르가 방에서 나오지 않는 것을 걱정하기 시작한다. 그레고르는 방 안에서 자신의 상황을 설명하며 지배인을 설득하려고 노력하지만 그의 말은 사람들에게 동물의 소리로 들릴 뿐, 집에 있는 모두가 그레고르의 말을 알아들을 수 없다. 결국 거대한 벌레가 된 그레고르가 방문을 열고 나온다. 놀란 지배인이 도망가고 어머니가 쓰러지자 아버지는 그레고르를 위협하며 그를 다시 방으로 밀어 넣는다.
위기	여동생 그레테는 오빠인 그레고르의 방을 청소하고 그가 먹을 음식을 챙겨 주기 시작한다. 그레고르는 신선한 음식보다 썩은 야채, 치즈 등을 맛있게 먹는다. 그동안 그레고르에게 생계를 의지했던 온 식구는 돈을 벌기 위해 일을 하기 시작한다. 벌레처럼 방바닥부터 천장까지 기어다니는 취미가 생긴 그레고르를 알아차린 여동생은 그를 위해 어머니와 그의 방을 비우기 시작한다. 방을 비우다 그레고르를 본 어머니는 또다시 놀라서 쓰러진다. 귀가한 아버지가 쓰러진 부인을 보고 그레고르에게 사과를 던지며 공격한다.

절정	아버지가 던진 사과가 등에 박혀 다친 그레고르는 운동 능력이 떨어지고 건강이 악화된다. 큰 집의 생활비를 감당하기 어려운 가족들은 하숙인들에게 방 하나를 세준다. 그레테가 하숙인들 앞에서 바이올린 연주를 하는 날, 음악 소리에 이끌린 그레고르가 방에서 나와 사람들 앞에 나타나자 하숙인들은 징그러운 벌레가 있는 집에 살면서 돈을 낼 수 없다며 항의한다. 오빠의 갑작스러운 등장에 화가 난 그레테는 벌레가 된 그레고르는 이제 더 이상 자신의 오빠가 아니라며 소리를 지른다. 위협을 느낀 그레고르가 방으로 돌아가자 그레테가 그레고르의 방문을 잠그고 그를 고립시킨다.
결말	그레고르는 그날 방에서 혼자 쓸쓸히 죽음을 맞이한다. 그레고르의 죽음을 확인한 가족들은 집을 떠나 교외로 나간다. 잠자 씨 부부는 아름답게 성장한 그레테를 보며 착실한 신랑감을 구할 생각을 하며 새로운 희망을 품는다.

사실 '벌레가 된 그레고르에 대한 가족들의 태도를 비난할 수 있다'라는 논제에 대한 답은 정해져 있지 않다. 이 논제는 다양한 쟁점들에 대해 토론 참여자가 어떻게 규정하고 자신의 주장에 합당한 이유와 근거를 얼마나 잘 제시하면서 반론을 수용하고 반박하는지가 관건이었다.

아래 제시한 대화문은 이 토론 수업에 참여한 중학생들이 실제 토론에서 했던 질의응답 장면을 일부 재구성한 것이다. 이 토론 장면에서 토론 중 승부에 대한 과도한 집착이 불러오는 부정적인 결과를 볼 수 있다.

찬성 측: (그레고르 가족의 태도를 비난할 수 있다는 입장) 어느 날 아침 흉측한 벌레로 변한 그레고르의 모습은 어느 날 갑자기 불의의 사고로 장애를 얻은 사람과 비슷합니다. 그동안 가족들을 위해 헌신했던 그레고르가 갑자기 벌레가 되었다고 해서 가족들이 그를 무책임하게 버려도 괜찮다고 생각하시나요?

반대 측: (그레고르 가족의 태도를 비난할 수 없다는 입장) 어쩔 수 없다고 생각합니다.

찬성 측: 그렇다면 반대 측에서는 본인의 가족이 갑자기 장애를 얻게 된다면, 그레고르의 가족들처럼 죽음에 이르도록 방치할 수 있나요?

반대 측: (얼굴을 붉히며) 네. 저는 제 가족이더라도 그렇게 할 것입니다.

토론 과정에서 찬성 측은 벌레로 변한 그레고르를 어느 날 갑자기 사고가 나 장애를 얻은 사람에 비유하며 그를 버린 가족들을 비난할 수 있다고 주장했다. 찬성 측에서 '반대 측 본인의 가족이 갑자기 장애를 얻게 되어도 그레고르의 가족들처럼 죽음을 방치할 수 있겠느냐?'는 질문에 반대 측이 '그렇게 할 것'이라고 대답하자 교실의 분위기가 순식간에 술렁거렸다.

얼굴을 붉힌 반대 측 응답자가 진심으로 '갑자기 장애를 얻은 가족을 죽게 방치해도 된다'고 생각하지는 않았을 것이다. 하지만 과한 승부욕 때문에(실제로 해당 학생은 평소 자신의 주장을 쉽게 굽히지 않는 승부욕 강한 학생이었다), 토론에서 지지 않기 위해서는 진심과 다르더라도 상대측에게 불리한 답변을 해야 한다고 순간적으로 판단했을 것이다.

이러한 답변은 교사는 물론 청중들의 동의를 얻기 힘들었다. 결국 이 답변은 악수惡手가 되어 토론에 패하는 데 결정적 요인으로 작용했다. 그렇다면 반대 측에서 어떻게 응답하는 게 좋았을까?

반대 측 응답자는 찬성 측 질문에 '예' 또는 '아니오'로만 대답할 생각에서 벗어나, '벌레로 변한 그레고르를 어느 날 갑자기 장애를 얻은 가족에 비유하는 것'에 이의를 제기했어야 했다. 반대 측의 응답을 바꾸어 위의 토론 장면을 재구성해 본다면 다음과 같다.

찬성 측: (그레고르 가족의 태도를 비난할 수 있다는 입장) 어느 날 아침 흉측한 벌레로 변한 그레고르의 모습은 어느 날 갑자기 불의의 사고로 장애를 얻은 사람과 비슷합니다. 그동안 가족들을 위해 헌신했던 그레고르가 갑자기 벌레가 되었다고 해서 가족들이 그를 무책임하게 버려도 괜찮다고 생각하시나요?

반대 측: (그레고르 가족의 태도를 비난할 수 없다는 입장) 보기만 해도 어머니가 쓰러질 정도로 흉측한 벌레라면 어머니를 지키기 위해서 어쩔 수 없다고 생각합니다.

찬성 측: 그렇다면 반대 측에서는 본인의 가족이 갑자기 장애를 얻게 된다면, 그레고르의 가족들처럼 죽음에 이르도록 방치할 수 있나요?

반대 측: 아니요. 자신의 가족이 갑자기 장애를 얻었다고 해서 죽을 때까지 방치하는 사람은 저를 포함하여 이 자리에 있는 사람 중 아무도 없을 겁니다. 그리고 갑자기 장애를 얻게 된 가족과 벌레로 변한 그레고르의 상황은 엄연히 다릅니다. 그레고르가 벌레로 변하는 장면을 목격한 가족은 아무도 없었기 때문에, 가족들 입장에서는 벌레가 된 그레고르가 자신들의 가족인지, 그레고르를 잡아먹은 흉측한 벌레인지 알 수 없었을 겁니다. 게다가 시간이 지날수록 점점 벌레처럼 먹고 행동하는 모습을 보

> 면 그레고르가 아닐 거라고 의심할 수밖에 없습니다. 어머니를 기절시킨 그레고르를 공격하는 아버지의 모습은 가족을 지키기 위한 정당한 행위였지요. 마치 좀비 영화에서 본래 가족이었더라도 좀비가 되어 자신을 공격하면 어쩔 수 없이 그 좀비를 죽여야 하는 사람들처럼요.

반대 측 학생이 위에 새롭게 작성된 장면처럼 답했다면 찬성 측의 공격이 효과를 보기 어려웠을 것이며, 청중들도 이러한 답변에 수긍했을 것이다. "아니요"라고 대답하면 당장은 지는 것처럼 느껴질 수 있다. 하지만 2보 전진을 위한 1보 후퇴처럼 이기기 위해 져야 하는 때도 있는 법이다.

'장애를 얻은 가족을 버릴 수 없다는 점'은 수용하되, '벌레가 된 그레고르를 갑자기 장애를 얻은 가족에 비유한 점'을 반박했어야 했다. 더 나아가 가족들의 입장에서는 벌레가 된 그레고르가 가족인지 아닌지 판단할 수 없기 때문에 책임질 이유가 없다고 새로운 주장을 펼쳤다면 반대 측의 주장이 더 탄탄해졌을 것이다.

물론 토론은 발언 시간에 제한이 있고 청중들이 지켜보는 가운데 긴장된 상태로 응답해야 해서 예상하지 못한 질문을 받으면 당황하고 실수를 할 수 있다. 그러므로 토론을 준비할 때는 상대측에서 제기할 수 있는 다양한 반론을 예상하고 그에 대한 반박을 철저히 준비해야 한다.

토론은 처음부터 이기는 것을 목적으로 생겨나지 않았다. 토론이 처음으로 시작되었던 그리스 아테네 민회의 목적은, 사람들이 모여 공동체를 위해 어떤 정책이 필요한지 검토하기 위한 것이었다. 모두를 위해 힘을 모아 잘해 보자고 시작한 것이었다. 토론의 목적이 이기는 것에 집중되면 토론 참여자들은 상대방의 의견을 수용하기보다는 어떻게든 비판하고 부정할 생각만 하게 된다. 이는 건전한 토론이 아닌, 비생산적인 의사소통이다. 토론의 목적과 방향을 다시 생각할 필요가 있다.

다시 한번 말하지만, 토론에서 펼쳐지는 논증은 '이기고 지는' 것이 전부가 아니다. 논증이 실패했다고 토론을 준비한 과정이 모두 헛수고가 되는 것도 아니다. '졌지만 잘 싸웠다'는 말처럼 토론에서 져서 상대방보다 설득력이 떨어졌다는 평가를 받더라도, 타당하고 포용력 있는 논증을 펼쳤다면 청중에게 긍정적인 이미지를 남기고 신뢰를 줄 수 있다.

토론이 공동체의 문제를 다양한 관점에서 살펴 해결하기 위한 의사소통 행위임을 인지하고 참여한다면, 상대측의 의

견에 공감하고 문제를 바라보는 시각을 넓힐 수 있을 것이다. 최근 교육 현장에서는 이러한 교육 목표 달성을 위해 상대방의 입장에 공감하는 능력을 키울 수 있는 역지사지易地思之 공존형 토론 수업을 권장하기도 한다. 이러한 수업 방법은 다음 절의 마지막 부분에서 확인할 수 있다.

교육 현장에서 쓰이는 토론 유형들

 토론에는 고전적 토론(표준 토론), 반대 신문식 토론(CEDA 토론 혹은 정책 토론), 칼 포퍼식 토론, 의회식 토론, 링컨-더글라스식 토론, 공공 포럼 토론 등 다양한 유형이 있다.[2] 다양한 토론 유형 중 가장 많이 쓰이는 **CEDA 토론**은 정책 토론 Policy Debate 으로 불리기도 하는데, 절차는 다음 페이지의 표와 같다.

 정책 토론의 긍정 측(찬성 측)은 기존의 사회 정책에 대해 변화를 주장해야 하므로 철저히 자료 조사를 하고 증거를 모아야 한다. 정책 토론에서 교차 질문 단계가 많은 이유는 교차 질문 단계가 적어서 상대측에 대한 경청을 소홀히 하고 자

긍정 측		부정 측	
토론자 1	토론자 2	토론자 1	토론자 2
① 입론			② 교차 질문
④ 교차 질문		③ 입론	
	⑤ 입론	⑥ 교차 질문	
	⑧ 교차 질문		⑦ 입론
⑩ 반박		⑨ 반박	
	⑫ 반박		⑪ 반박

정책 토론(CEDA 토론)의 절차

신의 주장만 펼치게 되었던 기존의 토론 방식을 극복하기 위해서이다.

공공 포럼 토론 Public Forum Debate은 가장 최근에 생긴 토론의 형식이다. 토론 단계가 다양하여 토론에 참여하는 학생들의 지적 호기심을 자극하기 쉽고 가치 논제, 정책 논제, 사실 논제를 모두 다룰 수 있으며 초중고 학생 모두에게 적용이 가능하다는 장점이 있다.

긍정/부정 측		부정/긍정 측	
토론자 1	토론자 2	토론자 1	토론자 2
① 입론		② 입론	
③ 교차 질문 Crossfire (1번 토론자끼리)			
	④ 반박		⑤ 반박
⑥ 교차 질문 (2번 토론자끼리)			
⑦ 요약 Summary		⑧ 요약 Summary	
⑨ 전원 교차 질문 Grand Crossfire			
	⑩ 최종 핵심 Final Focus		⑪ 최종 핵심 Final Focus

공공 포럼 토론의 절차

    공식적인 토론 대회가 아닌, 시간의 제약을 받는 학교 일상 수업에서 학생들이 토론 활동을 할 때는 다음과 같이 토론 단계 및 발언 시간을 간단하게 줄일 수도 있다. 다음 페이지에 제시된 토론 절차는 토론에 익숙하지 않은 중학생들을 대상으로 하는 교실 수업에서 토론 참여자를 찬성 측 4명, 반대 측 4명으로 정하여 재구성한 것이다. 각 단계로 넘어가기 전 1~2분간 다음 단계를 대비하는 시간을 가진다. 수업 상황에 따라 발언 시간을 더 주거나 줄일 수도 있다.

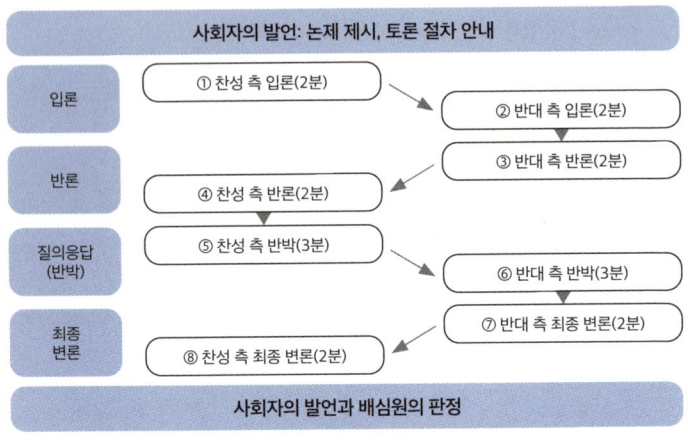

중학교 현장에서 수업을 위해 재구성한 토론 절차의 예

앞 절에서 말한 역지사지 공존형 토론 수업은 최근 서울시 교육청에서 제안한 것으로, 국어 수업뿐만 아니라 사회, 도덕 등 다양한 교과 시간에 적용할 수 있다. 구체적인 방법과 예시는 아래 QR코드를 통해 확인할 수 있다.

❝ 토론을 잘하려면
어떻게 해야 할까?

    공식적인 토론 대회에 참가하거나 수업 시간에 토론 활동에 참여하는 것 외에도 우리는 일상생활에서 늘 다양한 주제로 토론하며 대화한다. 2022년 대한민국을 뜨겁게 달구었던 '깻잎 논쟁'을 기억하는가? '나, 나의 동성 친구, 나의 연인, 이렇게 셋이 함께하는 식사 자리에서 내 친구가 깻잎 반찬을 낱개로 잘 떼지 못할 때, 내 연인이 친구가 깻잎 떼는 것을 도와주는 것이 적절하다'를 주제로 전 국민의 의견이 찬반으로 팽팽하게 나뉘었다. 이러한 논제로 토론한다면 어떻게 준비를 해야 할까?

    토론을 준비할 때는 논증적 글을 쓸 때와 마찬가지로 논제에 대해 충분히 이해하는 것이 우선되어야 한다. 논제를 잘못 이해하면 잘못된 주장을 세울 가능성이 커지기 때문이다. '연인이 아닌 이성'이 깻잎을 뗄 때 도와줘도 되는지가 문제인데, 논제를 '다른 사람'이 깻잎을 뗄 때 도와줘도 되는가로 잘못 이해하면 '다른 사람이 깻잎을 뗄 때 도와줄 수 있다' 또는 '다른 사람이 깻잎을 뗄 때 도와줘선 안 된다'는 엉뚱한 주장을 펼칠 수 있다.

논제를 이해한 후에는 나의 주장을 명확히 한 후 이를 뒷받침할 수 있는 이유와 근거를 풍부하게 마련해야 한다. 토론의 가장 첫 번째 단계인 **입론**에서 나의 주장과 이유 및 근거를 타당한 논증으로 풀어내야 한다. 보통 토론에서는 찬성 측이 먼저 입론을 펼친다. 일상 대화라면 이렇게 말할 수 있다.

찬성 측: 난 연인이 있는 사람이라도 다른 이성이 깻잎 떼는 것을 도와주는 것은 적절하다고 생각해. 이건 다른 사람이 어려움을 겪을 때 돕고자 하는 선한 의도를 가진 행동이기 때문이야. 식당에서 고기를 대신 구워 주거나 물을 따라 주고 수저를 놔 주기도 하는 등 먼저 선의를 베푸는 일은 오히려 권장되기도 하잖아.

입론은 논제에 대한 자신의 주장과 근거를 다양한 자료를 바탕으로 타당한 근거와 함께 제시하는 단계이므로 논설문을 말로 표현하는 것과 비슷하다. 앞에서 설명했던 논증의 구성 요소 중 핵심에 해당하는 '주장'과 '이유', '근거'가 모두 담겨야 탄탄한 입론을 펼칠 수 있다. 토론에서 제시하는 근거는 말로만 언급하는 경우도 있지만, 사진이나 통계 자료 등을 눈으로 확인할 수 있게 제시하면 더 설득력을 얻을 수 있다. 실제로 대선 토론에서도 시각 자료를 많이 활용하는 것을 볼 수 있으며, 법정에서는 녹음 파일, 동영상 파일 등을 근거 자료로 제출하기도 한다.

찬성 측의 입론을 들은 반대 측은 질의응답을 통해 입론 내용을 검증해야 한다. 이러한 단계를 **교차 조사**라고 한다.

반대 측: 고기를 구워 주거나 물을 따라 주고 수저를 놔 주는 건 사회생활의 기본 매너이니 이걸로 기분 나빠하는 연인은 거의 없을 거야. 그런데 깻잎 떼는 걸 도와주는 것에 대해 지금 우리 사회에서 찬반이 팽팽하게 나뉘는 현상 자체가, 이걸 단순한 매너로 평가하기 어렵다는 걸 보여 주는 증거가 아닐까?

찬성 측: 과거에 '남녀칠세부동석'이라는 원칙이 있었지. 그런데

지금도 그 원칙을 지키며 사는 사람은 없어. 아무런 사심 없이 배려로 하는 행동을 그 대상이 이성이라는 이유로 적절하지 않게 여기는 건 너무 보수적이야. 지금은 찬반이 갈리지만 시간이 흐르면서 나처럼 찬성하는 사람이 많아질 거야.

반대 측: 설령 나중에 사람들의 인식이 변화해서 연인 아닌 이성이 깻잎 뗄 때 도와주는 게 자연스레 받아들여지게 되더라도, 지금 우리 사회에서 반대하는 사람이 많다면 조심해야 하지 않을까? 그리고 누군가가 깻잎을 떼는 데 어려움을 겪고 있다는 것을 바로 알아채고 그걸 떼어 준다는 것은 그만큼 그 사람에게 신경을 쓰고 있다는 의미잖아. 그럼 연인으로서 마음이 상하는 게 당연하지 않을까?

찬성 측: 같은 식탁에서 밥을 먹으면 신경을 안 쓰고 있더라도 반찬 집는 건 눈에 보일 수밖에 없지. 그리고 평상시에 연인에게 잘하고 믿음을 줬다면 다른 이성이 깻잎을 뗄 때 도와주는 걸로 연인의 질투를 유발하진 않을 거야.

위의 대화처럼 토론에서 입론 뒤에 늘 교차 조사가 이어지는 것은 아니다. '찬성 측 입론 → 반대 측 입론 → 반대 측 반론 → 찬성 측 반론' 순서로 토론을 진행한 후 질의응답(교

차 조사)한 뒤 최종 변론을 하고 마치기도 한다. 반론이나 질의응답은 상대측의 논증을 분석하고 반박해야 하는 단계라는 점에서 유사하다.

반론, 질의응답을 준비할 때는 상대가 앞서 제시한 주장과 근거가 타당한지, 내용이 정확하고 신뢰할 만한지, 공정한지 등을 비판적으로 분석하고, 논리적 허점이나 오류를 찾아서 이를 지적해야 한다. 상대방의 주장에 대한 모순점이 있다면 근거를 들어 지적하는 것이 좋다. 따라서 상대측의 논증을 경청하고 핵심을 빠르게 기록해야 하는 것은 기본이며, 토론을 준비하는 과정에서 상대측의 논증을 예측하고 이에 미리 대비하는 것이 좋다.

예시문의 경우는 가벼운 주제의 일상 대화 상황이기 때문에 특별한 사전 준비가 필요하지 않지만, 토론 현장에서 이를 준비하는 시간은 매우 촉박해서, 미리 대비하지 않는다면 짧은 시간 안에 반론을 준비하거나 예리한 질문을 만들기는 쉽지 않다.

토론에서 상대측에게 던지는 질문은 명확하고 간결해야 한다. 그렇게 해야 상대방의 발화가 지닌 모순이나 허점을 밝힐 수 있는 질문을 정해진 시간 내에 많이 할 수 있기 때문이다. 또한 상대방이 답할 수 있는 범위를 좁혀 변명의 여지를 줄일 수 있다. 질문을 애매하게 하면 상대방이 이해하지 못해서 엉뚱한 답변이 나오거나 질문에 대한 설명을 요구받아 같은 내용으로 다시 질문하면서 시간을 낭비할 수 있다. 최악의 경우 오히려 상대방이 자신에게 유리한 응답을 할 기회를 줄 수도 있으므로 주의해야 한다.

이러한 문제를 예방하기 위해서는 '예' 또는 '아니오'로 대답할 수 있는 질문을 하는 게 좋다. 이는 실제로 법정에서 많이 쓰이기도 한다. 드라마 〈이상한 변호사 우영우〉의 재판 장면의 일부를 보면 법조인들이 질문을 간결하고 명확하게 하는 것을 확인할 수 있다.

첫째와 둘째가 막내인 셋째를 찾아가 아버지에게 물려받은 재산을 자신들에게 증여해 달라고 강요한다. 형들의 강요를 거절하지 못한 셋째는 원치 않는 증여를 하게 된다. 이후 셋째가 형들의 강요로 빼앗긴 재산을 되찾기 위해 변호사를 통해 강요로 이뤄진 증여는 무효라고 주장하자 첫째와 둘째는 자신들이 강요한 증거가 있냐면서, 강요해서 받은 재산이 아니라고 우긴다. 이후 셋째는 변호사를 통해 수증자가 증여자를 폭행하는 등의 범죄를 저지르면 증여가 무효가 됨을 알게 된다. 이러한 점을 이용하여 증여를 무효로 만들기 위해 가족들이 제사를 위해 모인 날, 셋째 가족들이 첫째와 둘째를 도발하여 폭행을 유도하고 이를 근거로 삼아 증여 무효를 주장한다. 아래는 이후 재판에서 이루어진 변호인들의 대화이다.

> 피고 측 변호인: 잠깐만요, 혹시 (셋째가) 증여 해지를 노리고 (형들의) 폭행을 유도한 것은 아닙니까?
> 원고 측 변호인: 그렇다는 증거 있습니까? (증거가 없는 상황)
> 피고 측 변호인: ….

드라마에서 원고 측 변호인 우영우(박은빈)는 앞선 재판에서 피고 측이 원고에게 증여를 강요했기 때문에 증여는 무효라고 주장했을 때, 피고 측 변호인이 증여를 강요했다는 증거가 있냐고 반문했던 것을 학습하여 역으로 활용한다. 피고 측 변호인이 증여 해지를 할 수 없다는 주장을 펼치기 위해 원고인 셋째가 일부러 피고인 형들에게 '증여 해지를 노리고 폭행을 유도했다'는 이유를 들었는데, 우영우의 말대로 그렇다는 증거, 즉 구체적인 근거가 없기 때문에 피고 측 변호인의 주장은 효력을 잃었고, 결국 이는 재판에서 우영우가 승리하는 데 결정적인 기여를 했다.

최종 변론은 청중에게 마지막으로 자신의 주장을 펼치는 시간으로, 앞선 단계만큼이나 중요하다. 토론에 미숙한 토론 참여자가 최종 변론을 맡았을 때 입론에서 말한 내용과 별다른 차이 없는 내용을 말하며 토론을 마무리하는 경우가 많은데, 이렇게 할 경우 입론 이후 단계의 토론 내용을 반영하지 못했다는 평가를 받아 설득력을 얻기 힘들다. 다음은 위에서 제시한 찬성 측의 입론에서 크게 벗어나지 못한 최종 변론의 예이다.

찬성 측: 난 연인 아닌 이성이 깻잎 떼는 것을 도와주는 것은 적절하다고 생각해. 이건 다른 사람이 어려움을 겪을 때 돕고자 하는 선한 의도를 가진 행동이라고 평가할 수 있어. 어려움을 겪는 상대가 아니더라도 식당에서 고기를 대신 구워 주거나 물을 따라 주고 수저를 놔 주기도 하는 등 먼저 선의를 베푸는 사람도 많아. 이건 매너로 바라보면서 깻잎 떼는 걸 도와주는 것은 적절하지 않게 보는 시각은 잘못되었다고 생각해.

최종 변론 단계에서는 반론, 질의응답 단계에서 내세운 내용을 바탕으로 논증을 재구성하여 논제에 대한 우리 측의 입장을 정리하고 강조해야 한다. 토론에서 이루어진 모든 의견을 반영할 필요는 없으며 우리 측에게 유리한 내용과 상대 측에게 불리하게 작용할 수 있는 내용을 선택하여 재구성한다.

찬성 측: 나랑 연인, 내 친구가 함께 밥 먹을 때 친구가 깻잎 떼는 것을 연인이 도와주는 것은 적절하다고 생각해. 이건 어려움을 겪는 사람을 도우려는 선의에서 비롯된 행동이야. 지금은 이걸 바람직하지 않게 보는 보수적인 의견도 있지만 평소 연인 사이가 어떤지에 따라 허용될 수도, 허용되지 않을 수도 있는 문제로 봐야지, 무조건 적절하지 않다고 할 순 없어. 시간이 지나면 점차 사람들의 인식이 바뀔 거야.

토론을 잘하기 위해서는 토론 주제와 관련된 배경지식을 풍부히 갖춰야 하고, 청중과 토론 상대방을 설득할 수 있는 언변도 뛰어나야 한다. 듣는 이에게 신뢰감을 주는 말하기 태

도와 목소리, 예상하지 못했던 질문이라도 재치 있게 답할 수 있는 순발력도 필요하며, 때에 따라 감정에 호소하는 방식이 청중에게 더 의미있게 작용할 수도 있다. 그러나 무엇보다 설득력 있는 논증이 기반이 될 때 비로소 토론에서 논증 이외의 다양한 요소들도 힘을 발휘할 수 있다는 것을 잊지 말아야 한다.

탐구와 학습을
위한 논증

66 학습 도구로서의 논증

우리는 무언가를 배울 때 단순히 정보를 받아들이기만 하는 것이 아니라, 끊임없이 질문하고 검토하며 의미를 구성한다. 이러한 과정에서 핵심적인 역할을 하는 것이 바로 논증이다. 탐구란 새로운 지식을 발견하고 검증하는 과정이며, 학습은 그 지식을 이해하고 적용하는 과정이다. 그리고 이 모든 과정은 근거를 바탕으로 한 논리적 사고, 즉 논증이 없이는 제대로 이루어질 수 없다.

예를 들어, '수소 에너지가 미래 사회의 중요한 에너지원이 될 수 있는가?'와 같은 문제를 탐구한다고 가정해 보자. 단순히 수소 에너지의 특성을 나열하는 것만으로는 충분하지 않다. 수소 에너지가 왜 중요한지, 미래 사회는 어떤 특성을 지니는지, 기존 에너지원과 비교했을 때 어떤 장점이 있는지, 반론이 있다면 어떻게 반박할 수 있는지 등을 논증해야 한다. 이런 방식으로 수소 에너지와 관련한 문제를 탐구한 학습자가 습득하는 지식은 단순히 수소 에너지의 특성을 암기해 알고 있는 학습자의 지식과는 분명 다를 것이다. 이처럼 논증이 없다면 탐구는 단순한 정보 수집에 머물고, 학습은 수동적인 암기에 그칠 수밖에 없다.

때로는 논증 자체가 탐구와 학습의 목적이 되기도 하지만, 논증을 수단으로 하여 다른 어떤 목적을 달성하고자 하는 경우도 있다. 여기에서 살펴볼 '탐구와 학습을 위한 논증'은 그 목적이 탐구와 학습이라는 점에서 **학습 도구***로서의 기능이 부각된다. 그렇다면 탐구와 학습에서 논증은 구체적으로 어떻게 작용하며, 어떤 역할을 할까? 또 이를 잘 활용하려면 무엇을 고려해야 할까? 이 질문들에 대한 답을 함께 탐구해 보자.

> ★ 학습 도구
> 학습자가 새로운 개념을 이해하고 탐구하며 지식을 구성하도록 돕는 언어적·인지적 매개체. 논증은 질문하고, 검토하며, 의미를 구성하는 과정이다. 논증이 학습 도구로 작용한다는 것은 탐구와 학습의 과정에서 논리적으로 사고하고 근거를 마련하며 지식을 깊이 있게 이해하도록 돕는 것을 의미한다. 논증은 학습을 능동적이고 의미 있는 과정으로 만들어 주는 중요한 도구가 된다.

💬 논증의 대상, 어떻게 설정해야 할까?

탐구와 학습에는 명확한 '대상'이 필요하다. 분야와 내용을 막론하고 대상이 뚜렷하지 않으면 탐구든 학습이든 첫걸음조차 뗄 수 없기 때문이다. 물론 그 대상의 성격은 탐구 또는 학습 분야에 따라 조금씩 다르다. 예를 들어 역사는 주로 '과거의 사실'을 탐구 대상으로 삼는 반면, 과학은 '과학적 현상과 개념'을 대상으로 한다. 이렇게 각 분야의 고유한 **지식체계*** 속에서 핵심적인 지식을 탐구 대상으로 설정하는 것에서부터 논증은 시작된다. 이 과정을 **대상화**라고 하자.

역사든 과학이든 수학이든 논증에서 대상화의 방법은 같다. 텍스트 내에서 구조적으로, 형식적으로 그것이 '대상'임을 언어로써 표현해 주면 된다. 이러한 대상화를 가능하게 하는 언어 요소에는 대표적으로 '명사'가 있다. 구체적인 사례를 통해 대상화가 어떻게 이루어지는지 알아보자.

---

(1) 대체적으로 조선 사회는 높은 안정성을 유지하고 있었던 것으로 생각된다. 이 같은 안정은 다름 아닌 사족의 촌락 거주, 농민과의 일상적인 삶을 함께함에서 온 것이었다. 이것은 사족과 농민의 관계가 일방적인 지배와 착취에 기초한 것이 아니었음을 의미한다. <u>지배 엘리트의 촌락 거주</u>, 이것은 조선 사회만의 특징적인 현상이었다.

위 문장은 역사 분야 논증에서 사용된 대상화의 사례이다. 역사 분야는 과거에 실제로 일어난 사건이나 존재했던 인물을 탐구의 대상으로 삼는다. 그런데 역사 분야에서 논증의 주제를 대상화하려면 사건과

> **★ 지식 체계**
> 개별적인 개념과 정보들이 논리적으로 연결되어 하나의 구조를 이루는 것으로, 학문적 탐구와 학습의 기반. 우리가 배우는 지식은 논리를 통해 연결된 지식 체계를 형성한다. 다양한 학문 분야는 나름의 고유한 논증을 통해 체계적으로 지식을 조직한다. 즉, 논증은 지식을 개별적인 정보가 아니라 서로 연결된 체계로 만들며, 이를 통해 새로운 개념을 이해하고 적용할 수 있도록 도와줄 수 있다.

사건의 경계를 어떻게 구별할지, 또는 사건이나 사태를 기술할 때 어디에 초점을 둘지, 어느 입장, 어느 관점을 취할지 등을 신중히 고민해야 한다.

예를 들어 우리에게 익숙한 '신라의 삼국 통일', '한글 창제', '화성 축조', '강화도 조약' 등과 같은 '역사적 사실들'은 이미 특정한 기준과 관점에 의해 분절된, 다시 말해 대상화가 잘 이루어진 결과라고 할 수 있다. 시간은 원래 연속적인 흐름이기 때문에 이를 명확히 구분해 개별 사건으로 정의하기란 결코 쉬운 일이 아니다. 특히 복잡하게 얽힌 인과 관계와 맥락 속에서 특정 사건이나 인물을 떼어 내어 논증의 대상으로 만드는 것은 매우 까다로운 일이다. 그렇기 때문에 역사 분야에서는 논증의 대상을 설정하는 과정에서부터 필연적으로 필자의 관점과 의도가 반영될 수밖에 없다. 이는 역사적 사실의 해석과 서술이 단순한 기록을 넘어, 그 자체로 논증적 작업임을 보여 준다.

앞의 예문 (1)에서 밑줄 친 부분은 '과거에 이미 일어났던 사건이나 존재했던 사실'로, 역사적 논증에서 대상을 설정하는 방식을 잘 보여 준다. 이렇게 설정된 논증의 대상은 필자가 특정한 역사적 관점이나 시각을 개입하여 개념적으로는 뚜렷하게 구별되지 않는 무형의 사건을 하나의 대상으로 분절해 낸 결과라고 할 수 있다. 예를 들어, '지배 엘리트의 촌락 거주'라는 사태는 원래부터 그러한 이름의 역사적 사건으로 존재했던 것은 아니지만, 필자의 관점에서 특정 시기의 사회적 현상을 설명하는 논증의 대상으로 설정되었다. 이렇게 설정된 대상은 과거의 사건을 분절하고 해석한 결과로, 개념적으로 재구성된 것이라고 할 수 있다. 결국 역사적 논증은 연속적으로 이어지는 일련의 사건의 흐름 안에서 '무엇'을 초점화할지 결정하는 것에서 시작된다. 이처럼 논증의 대상을 명확히 하는 대상화 과정은 논증에서 필수적인 '주장'을 가능하게 하며, 논증의 방향성과 논리 구조를 정립하는 기초가 된다.

---

(2) 지구 규모의 기후 변화는 강화되고 있으며 해양 생물 군집 조성과 생태계 기능을 변화시켜 생물 다양성 보전과 어업에 피해를 미친다. 종 다양성을 보전하고 미래에 지속 가능한 어업 행위를 유지하기 위해서는 기후 변화가 해양 먹이망에 미치는 영향을 이해할 필요가 있다.

과학 분야에서 대상화는 추상적이고 비가시적인 개념들

을 구체화하여 탐구와 논증의 대상으로 삼는 중요한 과정이다. 과학에서 흔히 다루는 DNA·RNA, 암흑 에너지, 블랙홀, 상대성 이론, 양자 중첩 같은 개념은 직접적으로 눈에 보이거나 뚜렷한 실체가 있는 것은 아니지만, 이들을 논증의 구체적인 대상으로 설정함으로써 학문적 논의를 시작할 수 있게 된다.

특히 과학적 논증은 실험과 관찰을 통해 자료를 분석하고, 이를 바탕으로 이론을 체계화하는 데 그 본질이 있다. 하지만 탐구 대상이 지나치게 모호하거나 추상적이라면 실험 설계나 결과 분석이 불가능해진다. 그래서 과학 텍스트는 주어 혹은 화제어를 구체적으로 설정하고, 이에 대한 세부 정보를 문장의 서술부에서 서술하는 구조를 취하는 경향이 있다.

예를 들어, 앞의 예문 (2)에서처럼 '지구 규모의 기후 변화'라는 명확한 주어를 설정하고, 이에 관한 정보를 뒤에 구체적으로 제시하는 방식은 독자가 텍스트의 논증 구조를 이해하고 중심 주제를 명확하게 파악하도록 돕는다. 이렇게 대상화된 표현은 논증의 초점을 잡아 주어, 과학적 탐구와 논의의 출발점이 된다.

(3) 한 직사각형 모양의 운동장의 가로 길이는 세로 길이보다 20m 더 깁니다. 운동장의 둘레가 200m일 때, 가로와 세로의 길이는 각각 얼마일까요?

수학에서의 대상화는 현실 세계의 현상을 추상화하여 수학적으로 사고하고 이해할 수 있도록 돕는 핵심 과정이다. 예문 (3)에서 밑줄 친 표현들, 예컨대 '직사각형 모양의 운동장의 가로 길이'와 '세로 길이', '운동장의 둘레', '가로와 세로의 길이' 등은 학습자가 수학적 문제를 해결하기 위해 필요한 출발점을 명확히 제시한다. 수학에서는 이러한 대상화 과정을 통해 현실의 상황을 수학적 언어로 변환하며, 이는 논리적인 수식 구성과 수학적 해결 과정의 기초가 된다. 특히 이러한 문장제文章題를 수식으로 변환하는 과정에서는 각각의 명사적 표현이 주요 변수나 수학적 요소로 사용되는데, 이처럼 문제 해결을 위해 수식을 구성하는 과정에서 명사적 표현 간의 관계성을 파악하는 과정은 학습자에게 수학적 사고를 요구하며, 동시에 명확한 수학적 논증의 틀을 제공한다.

요컨대 탐구와 학습을 위한 논증에서 대상화를 수행하는

방식은 학문 분야의 특성에 따라 조금씩 차이가 있지만, 대상화를 통해 탐구와 학습이 가능해진다는 점은 공통적이다. 바로 이것이 핵심이다. 대상화는 논증을 시작하는 필수적 단계로, 학습자에게 탐구의 초점을 명확히 하고 체계적인 논리 전개를 가능하게 한다. 이는 학문적 탐구의 출발점이자 모든 깊이 있는 학습의 기초가 된다.

논증의 내용, 어떻게 전개해야 할까?

탐구와 학습을 위한 논증에서는 명확한 대상 설정뿐 아니라, 그 대상을 중심으로 논증이 전개되는 방식에도 주목할 필요가 있다. 논증이 전개되는 방식은 탐구 및 학습의 목적, 해당 분야의 특성, 학습자의 수준 등에 따라 다를 수 있다. 그러나 공통적으로는 탐구와 학습이라는 주요 목적을 고려하여, 그 내용을 논리적으로 조직하고, 학습자가 대상의 핵심과 본질에 관련된 주요 정보를 잘 이해하도록 돕는 방향으로 이루어진다. 결국 탐구와 학습을 위한 논증에서 중요한 것은 대상에 대해 더 깊이 탐구하고, 이를 통해 학습자가 유의미한 지식을 얻을 수 있도록 하는 것이다. 이러한 목적과 기능이

언어적으로 어떻게 실현되는지 여러 분야의 구체적인 사례를 통해 살펴보자.

> (4) 나당 연합군은 화성 지역에서 합류하여 남하하는 것이 아니라, 위험 부담이 따르는 각각의 진군을 결정했다. (중략) 여기에는 분명 백제를 기만하기 위한 노림수가 있었다고 <u>여겨진다</u>.

역사는 본질적으로 다양한 관점과 접근법이 공존하는 분야이다. 이러한 특성은 역사적 논증에서 하나의 사실에 대해 여러 관점으로 다양한 해석이 이루어질 수 있는 기반이 된다. 실제로 역사적 논증은 역사적 탐구 대상을 해석하기 위해 기존의 이론을 활용 또는 참조하거나 아니면 기존의 이론에 새로운 해석이나 관점을 더하는 방식으로 진행된다.

역사적 논증에서 중요한 것은 과거에 이미 발생했거나 실제로 존재했던 대상을 다각적이고 다층적으로 해석함으로써 그동안 주목되지 않았던 부분을 새롭게 조명하거나 고정된 대상에 대한 새로운 접근법을 제시하는 것이다. 예를 들어, '삼국 통일'이나 '광복' 같은 역사적 사실과 관련해 단순히 사실을 전달하는 것을 넘어서, 그 의미나 영향에 대해 다양한 관점을 제시하고 평가하는 것이 역사적 논증의 핵심이다.

이처럼 역사적 논증에서 고정된 사실에 대한 다각적 해석이 직접적으로 드러나는 것은 바로 문장의 '서술어'에서이다. 역사적 논증에서는 자신의 주장을 드러내는 과정이 중요하며, 따라서 정오正誤의 문제보다는 필자의 생각이나 견해, 가치 판단이 우선된다. 이러한 점에서 역사 분야에서는 역사적 사실의 현재적 의미를 해석하고 평가하는 '가치 논제'를 중심으로 논증이 이루어진다고 볼 수 있다. 이러한 특징은 역사적 논증이 단순한 사실 나열이 아닌, 각 시대적·사회적 맥락에서 의미를 부여하고 평가하는 작업임을 시사한다.

이러한 맥락에서 예문 (4)의 서술어인 '여겨진다'는 필자의 주관적 해석이나 관점이 개입되었음을 나타내는 중요한 표지標識가 된다. 이 표현은 해당 사실이 절대적인 진리라기보다는 특정 관점에서 해석된 결과라는 점을 강조한다. 즉, '여겨진다'와 같은 서술어는 필자의 내면적 의식과 해석이 반영된 표현으로, 역사적 사실에 대한 주관적 이해를 드러낸다.

또 문장에서 해석의 대상인 '주어(화제어)'나 해석의 내용을 구체적으로 기술하는 '서술어'의 의미를 상세화하는 **언어장치***도 역사적 논증에서 해석의 관점을 제시하는 중요한 기능을 한다. 주로 관형절의 형태로 실현되는 이러한 언어 장치는 글의 목적이나 필자의 의도를 파악할 수 있는 좋은 이정표 역할을 한다. 실제 문장을 통해 살펴보자.

---

(5) 세형 돌날 문화는 후기 구석기 시대의 후기에 나타나는 세형 몸돌과 연관되어 있으며 <u>다양하고 복잡한 사회 구조를 인식하기 시작하는</u> 구석기 시대 집단이 활동했던 시기이다.

★ 언어 장치

논증을 전개하고 사고를 조직하며 의미를 명확하게 전달하기 위해 사용되는 다양한 언어적 표현과 구조. 논증이 효과적으로 이루어지려면 적절한 언어 장치가 필요하다. 논리적 흐름을 잡아 주는 접속 표현, 대상을 명확히 하는 명사화, 개념을 정리하는 정의문 등이 대표적이다. 예를 들어, 과학 논문에서는 실험 결과를 명사화하여 하나의 개념으로 정리하고, 역사 서술에서는 관점이 반영된 표현을 활용한다. 이러한 언어 장치는 논증을 명확하게 만들고, 독자가 내용을 쉽게 이해하도록 돕는 중요한 역할을 한다.

위 사례에서 밑줄 친 관형절 요소는 역사적 논증의 특성 중 하나인 '역사적 사실에 대한 다각적 해석'이 가능하도록 문장의 의미를 구체화하는 역할을 하고 있다. '다양하고 복잡한 사회 구조를 인식하기 시작하는'은 그 뒤의 명사구 '구석기 시대 집단'에 대한 구체적인 의미 맥락을 제공해 주고, 이

'구석기 시대 집단'이 다시 새로운 언어 단위인 관형절 '구석기 시대 집단이 활동했던'을 형성해 그 뒤의 서술어 '시기이다'를 수식하면서 세부적인 정보를 제공하고 있다.

세형 돌날 문화는
⋯⋯ 다양하고 복잡한 사회 구조를 인식하기 시작하는
⋯⋯ 구석기 시대 집단이 활동했던
⋯⋯ **시기이다.**

이러한 언어 요소는 역사적 사건이나 사실을 다각적인 관점에서 해석할 수 있도록 돕는다. 즉, '실제로 존재한 사실'이나 '실제로 발생한 사건'은 단순히 객관적 사실로서 존재하는 것이 아니라 다양한 관점에서 해석되고, 필자의 관점이 반영되면서 새로운 의미를 만들어 낸다. 이 과정에서 필자의 주관적인 해석이 중요한 역할을 하며, 역사적 논증은 이러한 해석을 통해 객관성과 신뢰성을 더한다. 이처럼 역사적 사실을 다양한 시각에서 바라보는 것은 단순한 사실의 나열을 넘어서 그 사실의 의미를 심층적으로 탐구하고 재조명하는 중요한 작업이라고 할 수 있다.

(6) 국제 유동성이란 국제적으로 보편적인 통용력을 갖는 지불 수단을 말하는데, 금 본위 체제에서는 금이 국제 유동성의 역할을 했으며, 이에 따라 국가 간 통화의 교환 비율인 환율은 자동적으로 결정되었다. 이후 브레턴우즈 체제에서는 국제 유동성으로 달러화가 추가되어 '금 환 본위제'가 되었다. 1944년에 성립된 이 체제는 미국의 중앙은행에 '금 태환 조항'에 따라 금 1온스와 35달러를 언제나 맞교환해 주어야 한다는 의무를 지게 했다.

한편 경제학의 학문적 특성은 사회 현상으로부터 일정한 패턴과 법칙성을 찾아내고 이를 경제적 관점에서 체계적으로 설명하는 데 있다. 이러한 특성에 따라 경제적 논증은 사회 현상을 특정한 가설이나 모형으로 정리하고, 이를 통해 현상을 분석하여 결과를 추론하는 방식으로 이루어지곤 한다. 이때 모형화된 현상을 설명하고 객관성을 유지하는 데 중요한 역할을 하는 것이 바로 피동 표현이다.

위의 예문 (6)에서 사용된 피동형 서술어는 논증의 과정에서 주체의 관여를 배제하고, 해당 현상이 구조적으로 발생했음을 드러내는 언어적 요소라고 할 수 있다. 예컨대 "환율은 자동적으로 결정되었다."는 표현은 복잡한 환율 변화 과정을 특정 행위자나 사건에 의한 것이 아니라 경제 체계 내에서 일어나는 자연스러운 결과로 나타낸다. 이는 경제 체계의 일반적 작동 원리를 설명하려는 의도를 내포한다.

경제 분야의 논증은 이와 같이 모형화 과정을 통해 추론된 결과를 명확히 전달하고, 다양한 상황에서도 타당하게 적용할 수 있는 일반적 원리를 제시하는 방식으로 전개된다. 이때 피동 표현은 논증에서 모형화된 현상이 실증적 근거와 이론적 논리에 의해 도출되었음을 강조하는 한편 독자에게 논증의 신뢰성을 부여해 준다. 즉, 피동 표현은 단순한 문법적 선택을 넘어 경제학의 학문적 특성과 긴밀히 연관된 논증 방식의 핵심적인 요소라고 할 수 있다.

💬 논증의 결과,
어떻게 제시하면 인상적일까?

    탐구와 학습은 결국 그 내용과 결과를 지식으로 수렴하는 것을 목표로 한다. 탐구 및 학습의 과정에서 이루어지는 논증은 글에서 다루어진 다양한 정보들을 체계적으로 정리하고 새로운 통찰로 조직화하는 **지식화 과정**을 거친다. 이 과정은 탐구를 통해 도출된 결과를 학문적 맥락 속에 위치시키고, 다른 분야나 상황으로도 확장될 수 있는 지식으로 재구성하는 데 초점이 있다. 이런 점에서 탐구와 학습의 결과를 지식으로 변환하는 데에는 단순히 결과를 도출하는 데 그치지 않고, 그것을 학문적 맥락과 연결하여 새로운 의미를 부여하고 체계화하는 과정이 필수적이다.

(7) 정책 수단 선택의 사례로 환율과 관련된 경제 현상을 살펴보자. 외국 통화에 대한 자국 통화의 교환 비율을 의미하는 환율은 장기적으로 한 국가의 생산성과 물가 등 기초 경제 여건을 반영하는 수준으로 수렴된다. 그러나 단기적으로 환율은 이와 괴리되어 움직이는 경우가 있다. 만약 환율이 예상과는 다른 방향으로 움직이거나 또는 비록 예상과 같은 방향으로 움직이더라도 변동 폭이 예상보다 크게 나타날 경우 경제 주체들은 과도한 위험에 노출될 수 있다. <u>환율이나 주가 등 경제 변수가 단기에 지나치게 상승 또는 하락하는 현상을 오버슈팅이라고 한다.</u>

예문 (7)에서 밑줄 친 표현('-ㄴ/는 명사 ①을/를 명사 ②(이)라고 한다.')은 경제 분야의 논증에서 핵심적인 개념을 지식화하는 방식을 잘 보여 준다. 즉, 중요한 경제적 개념('오버슈팅')을 명확하게 제시하는 동시에, 그에 대한 구체적 설명을 부가하는 내포절 '-ㄴ/는 명사 ①'을 사용하여 선행 정보를 압축하고 새롭게 정의한다. 이를 통해 독자(학습자)는 이 글에서 다루는 핵심 개념의 본질과 그와 관련된 추가 정보를 쉽게 이해할 수 있게 된다.

탐구 및 학습 맥락에서의 논증이 비단 주장이나 설득만이 아니라 어떤 현상이나 대상 및 개념, 또는 지식의 구조나 지식의 체계를 독자(학습자)가 이해하기 쉽도록 언어화하여 전달하는 데에도 목적이 있음을 고려할 때, 앞의 예문 (7)에서처럼 논증의 결과를 지식으로 수렴하여 강조하거나 그에 대해 구체적인 정보를 제공하는 이러한 언어 장치를 중요하게 다룰 필요가 있다.

---

(8) 이러한 결과를 분석하면 연산 오골계는 1년 이상 생육하였을 때부터 <u>ALP 활성이 나타나기 시작하는 것</u>을 알 수 있고 <u>육질이 껍질보다 ALP 활성이 우수함</u>을 알 수 있다.

(9) 산불 발생과 관련이 높은 것으로 알려진 몇 가지 기후 변수들의 한반도 내에서의 평균적 분포는 <u>기후 인자가 산불 발생 패턴을 설명하는 요인이 됨</u>을 보여 준다.

한편 과학에서의 논증은 과학적 지식을 체계적인 구조로 통합하려는 과학 분야의 궁극적인 목적을 달성하기 위한 일

종의 수단으로 작용한다. 따라서 다른 학문 영역이 아닌 과학 분야에서 논증이 사용되었다면, 논증을 통해 탐구나 실험의 결과가 어떻게 과학적 지식으로 체계화되는지를 눈여겨보아야 한다. 과학 분야에서 어떤 탐구나 실험을 거쳐 도출된 지식을 과학적으로 체계화하고자 할 때 선호하는 것은 바로 '명사화'라는 장치이다.

앞의 예문 (8), (9)에서 밑줄 친 명사화 표현들은 각 텍스트의 결론 부분에서 과학적 실험의 결과를 요약적으로 나타낸 것이다. 결과적 지식을 이렇게 명사화된 형태로 나타내면 그 내용이 하나의 '의미 단위'로 인식되면서 '대상성'을 지니는 지식의 지위를 갖게 된다. 이러한 명사화는 과학 분야에서 주로 다루는 것이 '사실 논제'라는 것을 잘 보여 준다. 또 명사화되어 대상성을 지니게 된 내용은 실험을 통해 확인된 결과라는 점에서 더 이상 추론적인 추정이 아닌 '근거를 갖춘 지식'으로서 과학적 지식 체계를 구축하는 데 직접적으로 관여할 수 있게 된다. 결국 명사화로 개념화된 이러한 과학적 지식은 독자로 하여금 논증의 결론을 과학적으로 가치 있는 지식으로 받아들이게 하는 중요한 역할을 하게 된다.

이 장에서는 탐구와 학습을 위한 논증이 어떻게 다양한 학문 분야에서 그 특성에 맞게 전개되는지 살펴보았다. 각 분야는 논증의 대상과 그 전개 방식을 다르게 설정하며, 그 과정에서 다양한 언어적 장치들이 중요한 역할을 한다. 이처럼 탐구와 학습의 맥락에서 논증은 각 학문 분야의 지식을 구성하고 확장하는 데 중요한 역할을 하며, 이를 통해 독자들은 지식을 더 깊이 있게 이해할 수 있게 된다. 결국 논증의 구조와 그 전개 방식은 학문적 탐구에서 중요한 도구로 작용하며, 그 과정에서 언어는 단순한 전달 수단을 넘어 탐구의 본질을 형성하는 핵심적인 요소로 기능한다.

주註

Class 1. 논증의 본질

1   서영진(2023), 『국어교사를 위한 논증 교육론』, 사회평론아카데미, 16쪽.
2   교육부(2022), 『국어과 교육과정(교육부 고시 제 2022-33호 [별책 5])』, 교육부, 126쪽.
3   김혜연(2017), 「대학생의 모둠 토론 활동 양상과 입장 변화, 글쓰기 결과물의 관계」, 『국어교육연구』 제40집, 서울대학교 국어교육연구소.
4   로버트 치알디니 지음, 이현우 외 역(1996), 『설득의 심리학 1』, 21세기북스.
5   2024학년도 2학기 춘천교육대학교 '사고와 표현' 수업 과제로 작성된 곽○○ 학생의 「왜 우리는 괴로워하면서까지 야구에 열광할까?」를 재구성함.
6   F. H. Van Eemeren, R. Grootendorst, S. H. Francisca & B. J. Anthony(1996), *Fundamentals of argumentation theory: a handbook of historical backgrounds and contemporary development*, NJ: LEA.
7   유상희·서수현(2017), 「지식 탐구의 도구로서 논증적 글쓰기에 대한 고찰」, 『작문 연구』 32, 한국작문학회, 87쪽.
8   유상희·서수현(2017), 위의 논문, 84쪽.
9   2017학년도 1학기 서울대학교 '국어사고와 논술교육론' 수업 과제로 작성된 차○○ 학생의 「진심으로 정의란 평등일까?」를 재구성함.
10 Meiland, J. W.(1989), "Argument as Inquiry and Argument as Persuasion", *Argumentation*, 3(2), pp.185-196.
11 가치 논제에는 '둘의 사랑은 좋은 사랑이다(혹은 아니다)'와 같이 찬/반으로 나

뉘는 쟁점을 갖춘 논제도 있을 수 있고, '사랑이 무엇인가?'와 같은 개념 논제도 있을 수 있다.
12 M. Rokeach(1973), *The Nature of Human Value*, New York: The Free Press.
13 장지혜(2020), 「가치 해석 글쓰기의 정당화 기제 생성 연구」, 서울대학교 박사학위 논문, 2쪽.
14 장지혜(2020), 위의 논문, 33쪽.
15 아서 코난 도일 지음, 마크 게티스, 스티븐 모팻 엮음, 바른번역 옮김(2017), 「네 사람의 서명」, 『셜록 홈즈 에센셜 에디션 1』, 코너스톤.

Class 2. 다양한 상황에서의 논증

1 김희균(2022), 『생각이 많은 10대를 위한 토론 수업』(나무생각)의 머리글에서 인용함.
2 고전적 토론(표준 토론)은 전통적인 토론 유형이지만 현재 거의 활용되지 않아 설명을 생략했다. 칼 포퍼식 토론, 의회식 토론, 링컨-더글라스식 토론 역시 제한적으로 활용되고 있으므로 설명을 생략하고, 가장 많이 활용되는 토론 유형과 최근에 생긴 유형만을 설명했다.

참고 문헌

단행본

김희균(2022), 『생각이 많은 10대를 위한 토론 수업』, 나무생각.
서영진(2023), 『국어 교사를 위한 논증 교육론』, 사회평론아카데미.
최훈(2015), 『논리는 나의 힘』, 우리학교.
로버트 치알디니 지음, 이현우 외 역(1996), 『설득의 심리학』, 서울: 21세기북스.
아서 코난 도일 지음, 마크 게티스, 스티븐 모팻 엮음, 바른번역 옮김, 박광규 감수(2017), 『셜록 홈즈 에센셜 에디션 1·2』, 서울: 코너스톤.
오스틴 J. 프릴리, 데이비드 L. 스타인버그 지음, 민병곤 외 옮김(2018), 『논증과 토론: 합리적 의사 결정을 위한 비판적 사고』, 서울: 사회평론아카데미.
조셉 윌리엄스, 그레고리 콜럼 지음, 윤영삼 옮김(2008), 『논증의 탄생』, 서울: 홍문관.
Rokeach, M. (1973), *The Nature of Human Value*, New York: The Free Press.
Toulmin, S. E. (1958), *The use of argument, Cambridge*: Cambridge University Press.
Van Eemeren, F. H., Grootendorst, R, Francisca, S. H., & Anthony, B. J. (1996), *Fundamentals of argumentation theory: a handbook of historical backgrounds and contemporary development*, NJ: LEA.

논문

강윤호·주세종·박영규(2012), 「기후변화로 인한 신지도 근해 해양먹이망 변동예측」, 『Ocean and Polar Research』 34(2), 한국해양과학기술원, 239~251쪽.
김혜연(2017), 「대학생의 모둠 토론 활동 양상과 입장 변화, 글쓰기 결과물의 관계」,

『국어교육연구』 제40집, 서울대학교 국어교육연구소.
박재현(2011), 「교육적 기능을 고려한 토론 유형 선택의 변수」, 『화법연구』 19, 한국화법학회.
성미경·임규호·원명수·구교상·최은호·이윤영(2010), 「기후 변화에 따른 한반도 산불 발생의 시공간적 변화 경향」, 『대기』 20(1), 한국기상학회, 27~35쪽.
소지영(2020), 「학문 문식성 신장을 위한 기능적 메타언어 관점의 문법 교육 연구」, 서울대학교 박사 학위 논문.
소지영·주세형(2021), 「중등 과학 교과서에서의 정의문 기능 연구 : 국어과 설명하기 성취기준의 언어적 교육 내용 탐색을 위하여」, 『국어교육』 172, 한국어교육학회.
유상희·서수현(2017), 「지식 탐구의 도구로서 논증적 글쓰기에 대한 고찰」, 『작문연구』 32, 한국작문학회.
유한석·정강현·이권재·김동희·안정희(2015), 「연산 오골계 물 추출물이 조골세포와 파골세포의 활성에 미치는 영향」, 『한국미생물·생명공학회지』 43(4), 한국미생물·생명공학회, 322~329쪽.
이민형(2016), 「가치 논제 토론 수업을 위한 설계 기반 연구」, 서울대학교 박사 학위 논문.
이상훈(2016), 「나당연합군의 군사전략과 백제 멸망」, 『역사와실학』 59, 역사실학회, 43~74쪽.
이헌종(2015), 「우리나라의 돌날과 세형돌날문화의 기원과 확산 연구」, 『한국구석기학보』 31, 한국구석기학회, 84~115쪽.
장지혜(2020), 「가치 해석 글쓰기의 정당화 기제 생성 연구」, 서울대학교 박사 학위 논문.
전은주(2004), 「토론 교수·학습 설계를 위한 조건변인 분석」, 『국어교육학연구』 20, 국어교육학회.
정진영(2015), 「사족과 농민 -대립과 갈등, 그리고 상호 의존적 호혜관계-」, 『조선시대사학보』 73, 조선시대사학회, 153~191쪽.
조진수(2018), 「문법적 은유를 활용한 수학 문장제 텍스트의 이해 과정 연구」, 『텍스트언어학』 45, 한국텍스트언어학회, 279~306쪽.
Meiland, J. W. (1989), "Argument as Inquiry and Argument as Persuasion", *Argumentation*, 3(2), pp.185-196.

기타

교육부(2022), 「국어과 교육과정(교육부 고시 제2022-33호[별책 5])」, 교육부.

민병곤·남가영·김선희·장성민·이성준·권은선·오예림·이수진·정은선·김동섭·송규민·민소연·홍태경(2023), 「2023년 국민의 글쓰기 능력 진단 체계 개발」, 국립국어원.

아동복지법 '정서적 학대' 금지 관련 신문 기사 헤드라인: https://www.news1.kr/society/court-prosecution/5519960

지하철 노인 무임승차 논의 관련 신문 기사 헤드라인: https://www.fnnews.com/news/202403081640131136

촉법소년 여론 관련 신문 기사: http://www.jibs.co.kr/news/articles/articlesDetail/31844?feed=na

촉법소년 연령 하향 논의 관련 신문 기사 헤드라인: https://www.m-i.kr/news/articleView.html?idxno=1108391

촉법소년 현황 관련 신문 기사: https://www.imaeil.com/page/view/2024091708362218549

2017학년도 1학기 서울대학교 '국어사고와 논술교육론' 수업 과제로 작성된 차○○ 학생의 「진심으로 정의란 평등일까?」.

2018학년도 대학수학능력시험 국어 영역 독서 27~32번 지문.

2022학년도 대학수학능력시험 국어 영역 독서 10~13번 지문.

2024학년도 2학기 춘천교육대학교 '사고와 표현' 수업 과제로 작성된 곽○○ 학생의 「왜 우리는 괴로워하면서까지 야구에 열광할까?」.